アイヌ民話集

更科源蔵

青土社

アイヌ民話集

目次

人間の話

人間創造 …… 8
人間つくり・三話 …… 9
あれをどこにつけるか …… 12
人間の始祖 …… 14
文身《いれずみ》のはじまり …… 16
人間が一番偉い …… 18
女ばかりの島 …… 20
ポンサマイクルのイム …… 21
毛の多いわけ …… 26
人間の毛 …… 27
上の者と下の者・八話 …… 28
女神の貞操帯《ポンクッ》 …… 45
地獄穴 …… 49
死の国の話 …… 50
あの世への岩穴 …… 52
狩人ものがたり …… 53

獣の話

ウサギの胆 …… 56
大ウサギ物語 …… 58
ウサギの神様 …… 60
コタンを救ったウサギ …… 62
目のうすいウサギ …… 64
島にされたトド …… 65
大トド …… 67
クマとトド …… 69
化けそこなったキツネ …… 71
悪キツネ …… 73
カッパを焼いた灰 …… 74
オイナカムイの使ったもの …… 76
カワウソとキツネ …… 78
キツネとカワウソ …… 79

うっかりもののカワウソ　80
カワウソに見込まれた娘　82
忘れんぼうのカワウソ　84
カワウソの子供　86
犬のはじまり　88
喋れなくなった犬　89
孤児を育てたネズミ　91
トガリネズミの酒盛り　93
化けたキネズミ　94
アザラシの神と女　95
けちんぼオオカミ　97
オオカミの娘　99
クマとオオカミにほれられた男　105
尻尾を切られたクマの王　110
シカに化けた娘　111
牡ジカの鎧　113

鳥の話

カケスの雄弁　120
スズメの酒盛り　123
カラスと親子　127
カラスも大事なものだ　129
カラスになった若妻　130
セキレイの土地づくり　132
木の株に化けたミソサザイ　132
なまけたシギ　136
カッコウの懺悔　137
カッコウの神　139
コノハヅク物語　142
セキレイにされた悪キツツキ　145
尻尾を抜かれたミミズク　147
談判鳥《チャランケチリ》　149
親不孝鳥　150

けちなクイナ……152
キツツキとオタスツ人……152
エゾライチョウとエゾフクロウ……153
あほうどり物語……156
鶴の薬……158
白鳥になった娘……160
ワシの妹……161

魚の話

世界はアメマスの上につくられた……166
フグとカジカとカレイ……167
ウグイとニシンの競走……168
マンボウは化物だった……169
アワビとクラゲ……171
カジカ……171
クマをおどかすウナギ……172
山をひっこ抜いた魚……174
川貝のてがら……176
マスの子孫……177
シシャモ物語……177
シリカップ物語……179
鯱《シャチ》に見込まれた女……181

虫の話

人間の子供を育てたセミ……186
意地悪いセミ老人……188
クモの神……189
クモと風の神……193
夫婦を救ったハチの神……194
魔神を焼いた灰……196
カになった英雄……199
ノミとシラミ……201

蛇や蛙の話

ヘビに呑まれる蛙……206

アリやハチになった大蛇《だいじゃ》 207
アエオイナの道具 208
カエルにされた悪女《ウエンメノコ》 208
火の神と天降ったヘビ 209

星や月の話

なまけものの姿 212
強情星 214
キツネにつかまった日の神 216
暁の明星 219
簗の番をする星 221
雷神との闘い 222

お化けの話

化物《コシンプイ》退治 226
利巧な娘 227
妖婆の罠 232
木原の妖婆 233
褌を忘れた酋長 234
湿地の化物 235
お椀のくせにカカもっている 235
国造神《コタンカラカムイ》の道具 237
五弦琴《トンコリ》の化物 239
棍棒《シト》のお化 241
淫魔《パウチカムイ》に見込まれた石狩人《イシカリウンクル》 242
臼のお婆さん 248
人食いお化け 251
旋風のお化け 254

草や木の話

フクジュソウ物語 258
悪い女神の果 260
フキノトウ 261
アワのとりもつ縁 263
コクワとブドウ 265

ニワトコとハシドイ　267
ヨモギの矢　267
ニワトコとウド　269
ツルウメモドキになった風の神　270
丸木舟の争い　272
年老えた丸木舟の話　273
トリカブトの歌　275
あとがき　278
解説　中川裕　282

人間の話

人間創造

天地を創造した国造神《コタンカラカムイ》が、だいたいの国造りを終った。

「やれやれ、くたびれた」

と大きな山の上に腰をおろして、きれいにできあがった世界の上を、目をほそくして満足そうに眺めわたしたが、急にうかない顔になり、しきりに首をひねって独り言をいいだした。

「どこが足りないのだろう？　なんだか物足りない？……」

いろいろと考えたあげく、傍にいた夜の神様に、

「なにかお前の思いつくものをつくってみろ」

といいつけた。いいつけられた夜の神もこまって、しきりに首をひねっていたが、なかなかよい考えもうかばず、足元の泥を手にすくいあげて、それを大きな掌の中でまるめたり、こわしたりしているうちにふと思いついて、傍の柳の木を折って細長くまるめた泥の中に通し、ハコベをとってきて一方に植え、それをそっと土の上におき、アユギという、死んだ者を生き返えらす力をもった、扇のようなものでパタパタとあおいでいると、泥がだんだん乾いてきて、人間の肌になり、ハコベを植えたところが人間の頭になってハコベが髪になった。

喜んだ神様は、それに「眠むたい」とか「食べたい」とかいう、十二の慾の玉を身体に入れると、すっかり完全な人間ができあがった。

国造神も、この夜の神の創造した人間を、たいへんよろこんだが、夜の神のつくったのはどれもこれも男ばかりだったので、せっかくつくってもだんだん死んで減ってしまう。そこで昼の神様にも協力してもらって、人間つくりをすることにした。すると昼の神様のつくったのは、みんな女だったので、人間はだんだん多くなるようになった。

人間の男の肌が黒いのは、夜の神様がつくったからであり、女の肌が白いのは、昼の神様がつくったからである。それから人間がとしをとると腰の曲がるのは、老木になると曲がる柳の木を背骨にしたからである。だから子供が生まれると、この木をとってきて守神の木幣《イナウ》をつくり、背骨と同じように、人間の身体を支え守らせるのだ。

こうして人間をうまく創り終わったので、夜の神も昼の神も、国造神にほめられて、天にのぼって太陽と月になったという。

（北見美幌町野崎・菊地儀之助老伝承）

人間つくり

（1）

昔、天上に大きな国があって、偉い神々が皆そこに集まっていた。

すると下界の方に誰かが島をつくった者がある。

「誰があんなものをつくったんだべ？」

神々が色々調べてみたところ、日の神がつくったのだということがわかった。然しその島にはまだ神も人間もいない魂のない国《ラマッサクコタン》であった。そこで神様たちが額を集めて、

「何という名をつけるべ」

と相談をしたところ、暁の明星《ニサッサオカムイ》が女神らしく遠慮深く、

「人間の島《アイヌモシリ》とつけたらどうかしら」

と静かに発言したので、

「その人間《アイヌ》どこから生れるんだ」

と言うと、

「それは私がつくるわよ」

といって天上の青草をまるめて、ぽいと下界に投げおろした。

それが日の神の光にあたためられて、次第に醱酵し色々に形が変り、ついに人間になった。

するとと神々がまた「この人間死んだらどうするんだ」と問題になった。

「人間をつくった神様が考えたらよかべ」

というので、夜明けの明星が死んだ人間の魂を納めるところをつくり、高い山の上には雷神がおり、山からさがった沢の中には水の神がつづき、その水の神のあとについて火の神がおりて、寒いときには母親のふところのように、人間をあたためてくれながら、色々なことを人間に教えてくれたのだ。

（日高三石町幌毛・幌村トンパク老伝承）

（2）

もう一つ、シラカバとハルニレが夫婦になり、その間にできたのが人間だという人がある。そのためにハルニレには酒をあげ、シラカバの木もあまりでたらめに使うもんでないということだ。だがシラカバは天からおろされたものだが、あまり根性がよくないので、自由に動けないように木にされたんだともいう。人間にも根性のよくないのがいるのは、そのせいかもしれないな。それでこの辺ではこの木はやたらなことに使わないんだ。

（日高三石町幌毛・幌村トンパク老伝承）

（3）

世界をつくった国造神《コタンカラカムイ》が、人間をつくるとき、何でつくろうかと神々に相談したところ、

「石でつくったらよかべ」

という神があったが、

「石で造ったら、もしこわれたら、修繕がきかないから駄目だべ」

と反対するものがあった。それでは何でつくろうというので、ああでもない、こうでもないと散々もめたあげくに、ハルニレでつくるべということになった。

ハルニレは世界をつくるときに使った鍬《クワ》を、国造神が忘れて天に帰ったので、それをただくさらしたのではもったいないというので、この木にしたものだった。この木は曲げても仲々折れないし、枝や根を少々切られても容易に枯れないから、これでつくったら、仲々病気もしないし、生命も長いからよかべといって、これでつくることになったのだと。

（胆振鵡川町春日・沢キンコ姥伝承）

あれをどこにつけるか

昔、人間が創造されたとき、人間繁栄の基となるべき場所を、どこにつけるかということが、神様たちのあいだで頭痛の種であった。最初神々の意向では
「どうだ、額につけては、あそこなら誰にでもすぐわかっていいだろう」

それもそうだというので、話がまとまりかけたが、額では挨拶をしながらでも、簡単に人間をつくる作業をしてしまうからまずいという、反対意見がでた。

「たしかに、それも理屈だ。そう簡単にやられては困る」

というので、会議はまた最初に戻ってしまった。

「ではどうする」でまたひともめ、もめた揚句が、

「脇の下ならいいだろ」ということでまとまりかけたが、またしても横槍が入った。

「あそこでは、ちょっと仲よく腕を組んだと思うと……」

というわけで、これも決定にまではいたらず、お流れになってしまった。

「さてと、仲々むつかしいものだ」、すっかり頭を痛めた神様たち、最後の結論として、やっと股の間という線に決定して今日にいたっている。

人間の額の眉毛や脇の下に、股のところと同じように毛があるのは、決定会議のとき神様たちが、もめてもめてためしにつけて、ようすをみたときの名残りであるということである。


（釧路鶴居村下雪裡・八重九郎老伝承）


これについては、日高方向に伝えられているのは少しちがう。

「カワウソほど忘れっぽいものはない。」

人間がはじめてつくられたとき、人間を殖やすための大事な場所を、どこにつけるかということで、天上の神々の大評定が行なわれた。それは大事なものだから、前額につけたらいいではないかと話がまとまり、地上で人間創造している国造神《コタンカラカムイ》のところへ、カワウソが使者にたった。

ところが途中の川で、魚を見つけたカワウソは、使いの言葉をすっかり忘れて魚を追っかけ、国造

神のところへきたときには、「天の神様たちは、人間の股につけれといいました」とけろりと言ってのけてしまった。

国造神はカワウソの間違って伝えた、命令どおり人間の股にそれをつけてしまった。

「カワウソほど忘れっぽいものはない。」

人間の始祖

天地を創造した国造神《コタンカラカムイ》は、最後に人間をつくろうとしたが、どうも地上はまだ人間が住むのには、いろいろな悪条件ばかりが多くて、頭が痛かった。

その第一が、いたるところに人間を餌にしようとして、待ちかまえている魔神の存在だった。

そこで国造神は、一人娘の火造姫《チキサニカムイ》と、チキサニカムイと仲のよい、雲司神《シニコロカムイ》の弟のポニウネカムイとを地上におろして、国土を平定しようとして、二神を一緒に天降らした。

ところが、チキサニカムイがあまりにも美しい女神であったので、日ごろから天上界の神々のあこがれの的であり、どの神も、なんとかしてわが手にと、ねらっていた。

それが急にポニウネカムイに独占されたと知ると、天上界は大騒ぎになり、足踏みをしてくやしがった神々は、地上に降りた二人のあとを追って、羽音も鋭く舞いおりて行った。

地上におりたチキサニカムイとポニウネカムイは、行手に立ち塞がる地上の魔神ばかりでなく、後からも天上の神々の嫉妬の攻撃に逢って、夜も昼もなくポニウネカムイは、女神をかばいながら、食事をする隙もなく防戦しなければならなかった。

ちょっと敵のひるむすきがあると、どこの家にでも飛び込んで、食べ物の入った鍋をそのまま胸にかかえて、手づかみでご飯を食べるというありさまだったが、大勢入れかわり立ちかわり攻めてるので、さすがのポニウネカムイも疲労の色が濃くなり、すでにあぶなく見えた。

そのとき女神のチキサニカムイが、突如として猛烈な火を発して、寄せてくる天上の善神と、地上の悪神を焼きはらったので、ついに攻撃軍もたじたじとなり、天上に引きあげたり、地の果にかくれたりして、地上にはじめて春の光がさしはじめた。

安心した二神は、やっと地上に愛の巣を営なみ、人間の始祖のオイナカムイを生んだという。

（中田千畝「アイヌ神話」）

一説には、天の神々が大勢集まって、天の門のところから下界を見おろしていた。下界に二軒の家が並んで建っていて、そこに美しい娘が二人住んでいた。

「なんて綺麗な娘だべ」と見とれている中で、雷神《カンナカムイ》が一番熱心に見とれていたので、他の神が後ろからやきもち半分ポンと背中を突いたので、雷神がまっさかさまに下界に落ちて、二軒の家を焼いてしまった。

その家にはハルニレのチキサニ姫とオヒョウ樹のアツニ姫がいたので、落雷によってみごもり、チキサニ姫は顔の真赤なオイナカムイを生み、アツニ姫は色の白いユカラカムイを生んだ。それが人間の祖先になった。

（工藤梅次郎「アイヌ民話」）

文身《いれずみ》のはじまり

人間の始祖オイナカムイの妻が、重い病気にかかったとき、日の神がいうには、

「女は男よりも悪い血が多い。お前はそのためにいま病気になったのだから、悪い血を取り去ると病気が癒るだろう」

と教えた。そこでオイナカムイは、さっそく日の神のいう通りに、妻の悪い血を除くため、その唇を針で刺して血を流し、その傷あとに、火の神のつくってくれた鍋墨と灰とを塗ったところ、病気も傷口も一度にすっかりなおってしまった。その神々の言い伝えによって、唇や手に入墨をするのであるという。

（中田千畝「アイヌ神話」、バチェラー「アイヌ人と其説話」）


なお、入墨について伝えられている説話を列記してみると、次の通りである。

一、コロポックルという小人の、女性のやっていたのを見て、美しいと思ってその真似をしたのである。

二、アエオイナカムイ（オイナカムイと同じ）が、その姉妹と一緒に天から降りたとき、その姉妹が文身していていてアイヌに教えたのだ。

三、女には、出さなければならない多くの悪い血がある。その悪い血を出して、身体を丈夫にするために行なうのだ。

四、入墨を唇や腕のような、一番目立つところへするのは、病魔が来てもこれで脅かして、近寄らせないためだ。病魔は入墨した女を見ると、女神だと思って逃げる。

五、歳をとり、目がかすんでくると、これを癒すために唇や手に入墨をする。これをパシュカ・オインガラ（入墨を吟味する）という。

六、伝染病が部落を襲うた時に、すべてのメノコは病魔を追い払うために、互いに入墨をする。これをウパシュ・フラ・ラッカレ（互いに入墨の匂いを作る）という。

七、理由なしに入墨をしないで結婚すると、アエオイナカムイの妻は、その女が死ぬとすぐに地獄に堕し、そこで大きな刀で入墨をされる。

八、入墨をしないで結婚した女は、祝宴や神の儀式にでることができない。もしそれをおかすものがあると、神々にも人にも不敬に当り、天神の怒りは集まった者全部の上に加えられる。

人間が一番偉い

きもやけた　氷で辷って転んだ
世の中に氷ほど偉いものはない
いや　氷よりも太陽がもっと偉い
太陽が氷を解かしてしまうではないか
いや　いや
雲の方が太陽よりももっと偉い
雲は太陽を呑んでしまうではないか
だから雲が一番偉い
いや　とんでもない
風が雲よりずっと偉い
雲は風に吹きとばされるでないか
風の方がずっとずっと偉い
まて　まて
風なんかより木が偉い

いくら風が偉くとも木におさえられるではないか
なんといっても木が一番偉いにきまっている
いや　いや　いや
木よりも何よりも人間が偉い
人間にかかっては
何にも負けない木だって伐り倒されるではないか
だから人間こそが一番偉いのだ
（胆振虻田町・遠島タネランケ媼伝承）

これは同型のものが、全道的に分布しているが、地方により或は伝承者により、少しづつちがっている。十勝芽室太の勝川ウサカラベ媼の伝承では「人間が一番偉い」まではほとんど同じであるが、更にあとがまだ続き、

人間が偉いといっても半分死んでいるんでないか
死神の方がもっと偉い
だから死神が一番偉い
だけどその死神も犬には見つけられる
だから犬が一番偉い

女ばかりの島

女ばかりで、男が一人もいない島があった。

「そんないいとこあるなら、ぜひ行ってみたいもんだ」

若い元気のいい者も、頭の禿げたいいかげんのおやじも、皆そう考えた。そうしてこっそり舟漕いで島さ渡った。だが誰が行っても、何人行っても、一人も帰ってくるものがなかった。

「あんまりいくて帰れないんだべか」

とうらやましそうにいう者があった。

「いや殺されてしまうんだということだ」

誰も本当のことがわからなかった。そしてまた、誰かこっそり渡って行くのだが、やはり帰ってこなかった。

いつか気の弱い男が鮫をとりに行って、霧にまかれて方角を失ない、この島についたことがあったが、きれいな若い女ばかりに追いかけられて、青くなって舟を漕いで逃げ帰って来て言った。

「男なんて一人もいなかった。とってもとっても、おっかないほどきれいな、女ばかりだった」

みんな考えた。あんなに島に行った男は皆どうしたんだべ。とって食われたんだべか…、そのとき一人の老人が言った。

「俺たち若いとき聞いたことがある。女のあそこに、歯が生えているのがあるということだ。そんなのに当ると、大事なところを皆食いちぎられてしまう。ことによるとあの島の女たちは、そういう人間なのかもしれない」

みんなは「ごくん」と生つばをのみ込んで、顔を見合わせた。

そのとき一人の頭のいい若者だけがにやりと笑って席をたって行った。

若者は手ごろの砥石を一つふところに入れると、こっそり舟を出して島に漕いで行った。美しい女たちが、シカに襲いかかるオオカミのように若者に殺到した。若者は少しも驚かずこっそり砥石を使った。

「ガリッ!」と音がして、女たちのあそこの歯が皆かけおちて、もう若者のものをもってしても、少しも傷つけられることがなくなった。

それからは、あとからあとから男が渡ってきて、今はどの島がそれだったかわからなくなってしまった。


（胆振穂別町・宮田タカラモシ老伝承）

ポンサマイクルのイム[*1]

ポンサマイクルがいた。そこへ山火事が燃えてきたので、喫驚してイムを起こし、思わず口走った。

カラスの男どした
米俵背負て行った
その米俵どした
酒つくってしまった
その酒どした
人間が飲んでしまった
飲んだ酒どした
糞になってしまった
その糞どした
犬が食ってしまった
その犬どした
殺してしまった
その皮どした
カラスが食ってしまった
そのカラスどした

殺してしまった
その羽根どした
弓の矢羽につくた
その矢をどした
舟をつくる木に射[*2]った
その木どした
人間が伐ってしまった
それからどした
焚木にしてしまった
その焚木どした
灰になってしまった

あんまり長いあいだイムをして、変なおしゃべりをしていたので、とうとう山火事で家も何も灰になってしまった。
だからあまり長い名前をつけたり、ながいイムをするものでないと、ポンサマイクルがいった。

（北見美幌町・菊地チャレヌム姥伝承）

これと同型のものは全道各地にあって、釧路の阿寒では、伐って燃された木が、熾《おき》になり、熾《おき》から灰になり、外に捨てられた灰が、海と山の風に飛ばされてなくなり、十勝の芽室太では、殺されたカラスの羽根は矢羽にして、天に向って射ち、それが黒い雲になってしまったとなり、更に日高平取での伝承では、

年寄りガラスどした
俵背負って行った
その俵どした
酒つくってしまった
その酒どした
のんでなくなってしまった
のんだのどした
うんこになってなくなった
そのうんこどした
犬が食ってしまった
その犬どした
殺してしまった

殺したのどした
カラスが食ってしまった
そのカラスどした
矢羽つくって
山の方へ六〇本
浜の方へ六〇本
射っ放してしまった
それであれ　あのように
ゼンマイになって生えてるよ
といってそれぞれ少しづつちがい、ポンサマイクルのイムとはなっていない。

＊1　イム。アイヌ民族独特の神経病で、ヘビとかカエルとか、嫌いなものに驚いたりしたことによって起こり、主に女性である。ちょっとおどかしたり、からかったりすると簡単にイム状態になり、他人のいうことに対しては反対に答え、あるいは行動し（例えば相手が「俺なら棒をもって誰々を叩かない」というと、そこらから棒をさがして誰か名ざした人を追いかける。「俺なら寒いから川に入らない」というと、いきなり川に飛び込んだりする）、他人の行動につ

いては同じ動作をする。(例えば他人が男の行動をしてみせると、それと同じ真似をし、女性らしからぬ行動をする)他からの刺戟がなくなると、自然に興奮がさめて平常に戻るが、興奮状態のときは、全く自制力を失なった行動をするものである。

＊2 「舟をつくる木を矢で射る」舟は漁撈に必要なものであるが、川でも海でも危険がともなうので、それをつくる木に悪魔がついていて悪戯をされては困るので、舟を作るのによい木を見つけたら、それを伐る前に、木に向って矢を射かけて、魔物を追い払い、木を浄めてから伐り倒して舟にした。

毛の多いわけ

人間はすべて土をまるめてつくられたものだ。

昔、人間をつくったのはサマイクルカムイという神様だが、この神様が人間をつくるときに、最初面白がって、あまり土を選ばず、草の根や種のまじったのもかまわず、まるめてしまった。それで初めにつくった人間からは草の芽がでて、茫々と草原のように毛が多く生えた。それがアイヌの先祖になったので、今も毛が多いのだ。

アイヌを造った、草の種の入った表土がなくなってからつくった人間は、同じ土でつくっても、もう草の種があまり入っていないので、ほとんど毛が生えないようになった。日本人の先祖は、あとの土でつくられたのだということだ。

（釧路鶴居村下雪裡・八重九郎老伝承）

人間の毛

人間の中には、先祖が山の神であるクマの血をひくものと、海の神のシャチを先祖にするものとがある。

山の神を先祖とする血統の者は、クマの子孫であるから毛が多く、この人たちのお産をするときには、クマがお産の手伝いをして、安産するように守って呉れるし、海の神の子孫の家の者がお産するときは、シャチが産婆をしてくれるので、身体の毛が少ない。もし人間の顔が何かの動物に似ていたら、それはお産のとき、顔の似ている動物神が産婆をしてくれたからであるという。

アイヌの中にも、あるべきところに毛のない者がいる。それは化け物の生まれ変りだから、そんな化け物を妻にしたものは、一生運が開けてこない。毛の多い女ほど夫に幸福をさずけるものである。

山の神の毛のように、剛くて多いものは、とても好運をもたらすものである。それよりもっとよいのは、沖のシャチの背鰭のように、両方から毛が寄ってきて、刃物のように立っているのである。

こうした好運に恵まれた者は、秘かに自らの胸に秘めておき、決して他人にもらしてはならない。

毛の長いのも、それを偶然に見ただけでも運が開けるといわれている。昔、ある男が旅をしていて川に行きあたって、道がわからなくなってこまっているところへ、通りかかった女に道をたずねると、女は親切に先きにたって、川を渡って案内してくれた。ふと気がつくと、女のうしろに何か海の藻のようなものが浮かんでいる。よく見ると仔馬の尻尾ほどの毛が、房々と水にうかんでいた。

「よいものを見た。俺にもいよいよ運がひらけてきた」

喜んだのなんのと、何度も何度もお礼をいって、急いで目的地に着くと、あまりのうれしさに、ついべらべらと、仔馬の尻尾のような毛の話をしてしまったので、せっかくの好運を逃がしてしまって、つまらない生涯を送ってしまった。

運のひらけないのには、お喋りや、さきの化け物の生まれ変りばかりでなく、家の入口の雪防けのように、片側により毛のないのや、家のひさしのように、上の方により毛のないのも駄目である。

（胆振穂別町・宮田タカラモシ老伝承）

上の者と下の者　I

上の者《ペナンペ》がいた。下の者《パナンペ》がいた。
下の者《パナンペ》が、島の真中にある大きなエゾマツにのぼってみると、遠い神の国、近い神の国、近くの人間《アイヌ》の国、遠くの和人《シサム》の国がよく見えた。そうして帰ってから運がよくなって、忽ちのうちに物持ちになり喜んでいた。

そこへ上の者が来て、

「私と同じ貧乏だったのに、どうしてお前は急に親方《ニシパ》になったのだ」

とたずねた。そこで下の者は、

「まァ入って坐れ、御馳走でもたべながらきかせてやるから」

というと、

「そんなことききかなくても、とっくの昔から知っていることだ、憎い下の者《パナンペ》。腹の立つ下の者。俺が先にやろうと思っていたのに、先きまわりをしくさって」

といって、片足をあげて入口に小便をかけ、ぶりぶりいいながら、エゾマツのところに来て登ってみると、遠い神、近い神の国から、人間の国々がよく見えた。そのうちに上の者《ペナンペ》は、のぼっているエゾマツをゆすぶりはじめた。

このエゾマツの木は、島の中心の土台になっている木だったので、物凄い地震がおこり、そのため神様の国も、人間の国もガラガラと、音をたててこわれてしまった。

そこで人間の始祖アイオイナカムイと、クモの神のヤウシケプカムイとが、上の者退治に出かけ、先にクモの神が木にのぼって行き、上の者に網をかけて押えようとしたが、上の者がひどく木をゆすぶるために、流石のクモの神も木から振り落とされてしまった。

次にアイオイナカムイが、刀をもってのぼって行き、今にも上の者に切りつけようとしたが、あまりに激しいゆれのために、世界に名高いアイオイナカムイも、ついにたまりかねて振りおとされて、気を失ってしまった。

しばらくたって気がついてみると、上の者の姿はもうエゾマツの上に見えなかった。二人がその行方をうらなってみると、遙か東の方にいる魔神《ニチネカムイ》の家に泊っていることがわかったので、二人はそれを追いかけて行くと、上の者は山に行っていなかったが、魔神がひとりで留守番をしていた。

そこで二人は水汲み場に行って、白銀の網をつくり、アイオイナカムイが金色の魚になっていた。そこへ魔神が水汲みにやってきてそれを見つけ、大喜びで網で金の魚を掬いあげ、家に持って帰って鍋で煮て待っていると、上の者が山から帰ってきた。

「御馳走こしらえて待っていたゾ」

といって魔神が魚の煮たのをよそって出したので、その椀の中をじっと見ていた上の者は、いきなりパッと椀を投げだすと、どんどんと逃げだした。

もうすこしというところで逃げられた二人は、こんどは何処へ行ったろうとうらなってみると、遙か北西の方に大魔神《ポロニチネカムイ》のところに、宿をとっていることがわかったので、もう一度、白銀の網と金の魚になって、上の者を捕えようとしたが、ここでも椀を投げて逃げられてしまい、それきり何処にかくれたかわからなくなってしまった。

それでアイオイナカムイが、天の神に談判《チャランケ》をしたところ、

「上の者はもと天にいて、頭もよく神通力ももっていたが、心が悪く、大事な天の着物を盗んで逃げた者で、息が強いので殺しても、直ぐまた生き返るので始末がわるいやつだ。それで、これからは奴が何をやっても、満足にゆかないようにするから我慢をしてくれ」

というのだった。それからは、上の者が何をやってもうまくゆかず、失敗ばかりするようになったのだと。


（日高門別町サルプト・鍋沢モトアンレク翁伝承）

上の者と下の者　Ⅱ

上の者がいた。下の者がいた。

下の者が酒もって、湿地に行って焚火をして、そのそばで死んだ真似をし、傍でおかみさんが、

「どうしよう、どうしよう。織物したくても道具つくってもらえない。食べものをつくる箆もつくってもらえない。どうしよう。どうしよう」

といって泣いていた。

するとキツネが沢山集まって来て、

「暑くて死んだんだべか、寒くて死んだんだべか、それとも腹へって死んだんだべか、可哀想に、俺達が箆でも何でも造ってあげるよ。おかみさん泣くんでない。だけど本当に死んだんだべか、本当だかどうだか、鐵焼いて尻の穴さ入れてみるべ」

そういってキツネが、焚火で鐵を真赤に焼いてそっと差出したので、下の者はそれを、うまく脇の下の方へ引き込んだ。

「本当にこの親方《ニシパ》は死んでいるよ、気の毒に…」

そういってキツネは、そばに置いてある酒をのんで、皆酔っぱらってねてしまった。そこを起きあがった下の者は、おかみさんと一緒に、キツネを皆殴り殺してよい生活をしていた。

そこへ上の者がやって来て、

「お前達は、俺と同じように貧乏人だったのに、どうしてまたこの頃は、そんなにくらしがよくなったのだ」

というので
「まァ入れ、キツネの肉をどっさり食べながら、ゆっくりおれの儲けた話をしてきかせるから」

そういうと
「何こいている、そったらことお前になんかきかなくとも、ちゃんとわかっているよ。俺が先にやるべと思っていたことを先にやりやがって、憎い下の者奴《パナンペ》」

とぶりぶり言いながら、川下の者の門口に、小便をかけて帰ってしまった。

そしておかみさんと二人で、湿地に行って焚火をし、そのわきで死んだ真似をしてねて、おかみさんは傍で、

「どうしよう、どうしよう、うちの人が死んでしまった。織物の筵も、ごはんをもる筵もつくってくれる人がなくなった」

といって泣いていると、
またキツネが沢山集ってきたが、遠くの方へ坐りながら、

「一度あったことはこりごりだ、なるべく遠くへ坐ってろ。暑さのために死んだのか、寒さのために死んだのか、腹がへって死んだのか、本当に死んでいるのなら、俺たちみんなで織物筵でも、ごはん筵でもつくってやるよ」

するとは上の者はおかしくなって、「フフン」といって笑ったので、キツネたちは真赤にやけた鐡を、いきなり上の者の尻の穴に突っ込んだので、上の者は本当につまらなく死んでしまったと。


（釧路白糠町・四宅モンレマッ姥伝承）

上の者と下の者 Ⅲ

或るところの村に家が二軒あった。

川下の家の爺さんは根性よしで、川上の爺さんは根性悪だった。

川下の爺さんが「一緒に山さ狩に行くべ」とさそっても、川上の爺さんは、なかなか行くとは言わない。

「海さ魚とりに行かないか」と言っても碌々返事もしないというへんくつ爺さまだった。

川下の爺さんにひとり娘がいたが、その爺さんが病気で、急に死んでしまったので、娘がひとりで淋しく暮していた。

すると、今までいくらさそっても遊びに来たことのない、川上の意地悪爺さまが、毎日娘のところへやってくるので、娘はいやでいやで、どこか他の村に行こうと思って、川上の爺さまの来る姿が見えたので、川を伝って行ったら、何処かに村があるだろうと、川伝いに山奥の方に逃げた。

身体のかくれるほど大きな蕗の生えている蕗原をすぎ、エゾニウ原を越えて逃げて行くと、目の前に大きな岩山が立っていて、どっちへも逃げられなくなってしまった。

見ると傍に大きな木があったので、それにのぼってっぺんにかくれていると、川上の爺さまが大きなまさかりかついで追って来て、

「いくら逃げようったって逃さないぞ」

といって、まさかりでガッツラ、ガッツラと木を伐りながら、

「木よ山の方さ、倒れれよ」

というと、木の上の娘は、

「神さま何とか木を川の方に倒して下さい。そうすれば私が逃げれますから」

と願った。木は娘の願い通り川向へ倒れたので、娘は川向へ逃げたが、意地悪爺さまもその木を渡って追って来ようとしたので、娘はまた、

「何とかして橋の真中で、爺さまを川におとして下さい」

と神さまにたのむと、爺さまは川の真中で、つるりと辷って川の中にボチャンとおち、ガポ、ガポ、ガポ、ガポといって流れて行った。

それで娘はまたもとの村に戻って楽しくくらしたと。


（樺太タラントマリ生れ、太田ヨシ姥伝承）

上のと下の者　Ⅳ

上の者《ペナンペ》がいた。下の者《パナンペ》がいた。

下の者が海岸に行ってみたら、海馬《とど》がごろりと昼寝をしていて、

「おいパナンペ、シラミをとってくれないか」

といった。

「よしきたとってやる、頭こっちさよこせ」

とパナンペは、海馬の頭を自分の方へ引きよせ、シラミをとってやるふりをして、首すじのところの肉をごっそり切りとって食ってしまった。何も知らない海馬は「頭が軽くなった」と喜んで海に帰って行こうとしたので、

「さっさと帰れ、首肉なし野郎!」

とパナンペがどなったので、海馬は、

「何と言った?」

と振り返ったので、しらっぱくれたパナンペは、

「元気で行きなさいといったんだよ」

と言うと、

「うそこくなこの野郎!」

といって追っかけてきたので、パナンペが丸くなって逃げて行くと、木の上に一羽のカケスがとまっていて、

「狭い谷さ逃れ、狭い谷さ逃れ」

と言ったので、パナンペは狭い谷に逃げこんだので、海馬は谷にはさまって追って来れないので、パナンペはうまく逃げることができた。

或る日のこと、パナンペのところへペナンペが遊びに来たので、

「さァ入りなさい、何か御馳走してあげるから」

というとペナンペは、

「俺がいつかやろう、やろうと思っていたことを、先にやってしまいやがって、しゃくにさわる野郎だ」

とブリブリ怒って、パナンペの家の入口に糞をかけて、海岸に走っていった。

行ってみると海馬がひるねをしていて、ペナンペに、

「シラミをとってくれや」

というので、パナンペのやったようにシラミをとるふりをしながら、首の肉をみんなとって食ってしまった。うつらうつらいい気持ちになって、首の肉を食われたのも知らないでいた海馬が、帰りかけたので、

「早く行け、この首肉なし野郎!」

とどなったので、海馬が振り返って、

「今何といった?」

とき返したので、

「元気で、早く行きなさいといったんだ」

と答えたが、海馬は怒って、

「うそこくなこの野郎！」

と猛烈に追いかけて来たので、ペナンペも大変だと逃げ出す。木の上にカケスがとまっていて、

「狭い谷さ逃れ、狭い谷さ逃れ」

といったのに、「何言っている、狭い谷は逃げにくいのに」といって広い谷に逃げ込んだので、海馬につかまって殺されてしまったと。


（日高新冠町・マウソロ部落の伝承）

上の者と下の者　V

上の者《ペナンペ》がいた。下の者《パナンペ》がいた。

兄の上の者《ペナンペ》は意地悪で、自分達だけ川上に家たてて、よい魚とって食べたり仲間に食わせたりしていたが、下の者《パナンペ》の村では、よい魚も食えなくてこまっていた。

そこで下の者はこっそりと夜に、上の者の簗をこわしたので、上の者の簗に入った魚が、皆川上からくだってきたので、川下の村の人達が喜こんでそれをとった。

簗がこわされ魚のいなくなった上の者は、弟の奴にちがいないとぷんぷん怒って、談判《チャランケ》にやってきた。「何して夜歩きして、人の簗をこわしたりするんだ！」

下の者はすました顔をして、

「何ひとりでぽんぽんおこってんだい。川が大きいからひとりでこわれて、魚が流されてきたんだべに」

とやり返したので、上の者は仕方なくすごすごと帰って行った。

これで下の者は、よい魚ばかりとって、女達は畑をつくって酒や団子もつくって、川の神様にあげて、とてもよいくらしするようになり、上の者の簗には食えない魚ばかり入って、家内も子供も食っても食っても、痩せて痩せて皆死んでしまったと。

（胆振虻田町・遠島タネランケ姥伝承）

上の者と下の者　Ⅵ

上の者がいた。下の者がいた。

兄の上の者は意地悪で、いつも自分ひとりでクマとりに先に山に行くので、弟が川下から行った時には、よい獲物を皆兄にとられたあとだった。

或る日、弟の下の者が、上の者の水汲場に行ってみたら神魚《カムイチエブ》（鮭）がいたので、閇《まら》をたてて見せると、神魚が下の者のあとをついて来て、弟のところで沢山よい魚がとれた。

水汲場に神魚がいなくなったので、きっと弟の奴にちがいないと思って行ってみると、弟の水汲

場に神魚が泳いでいたので、

「どうして俺の神魚を盗んだ」となじると、

「どうして俺がそんなことをするべ、神さまが授けてくれたのだ」

といったので、兄貴は仕方なく帰って行ったが、それきり兄の方には魚がとれなくなって、貧乏になり、つまらないくらしになったと。


（胆振虻田町・遠島タネランケ姥伝承）

上の者と下の者　Ⅶ

パナンペが褌を川に流しながら、川をくだっていった。

すると川向いに家が一軒たっていたので、

「舟もってきて渡して呉れないか」

と呼ぶと、神様のような女が出てきて、川向いに渡してくれた。そしてその家に入ってみると、可愛い犬が二匹いた。そして神女《カムイメノコ》の言うのには、

「どれでも好きなのを一匹連れて行きなさい。ただ川を渡るとき、仔犬はまだ自分で渡れないので〝川こせないよう〟といったら、そのときは抱いて渡しなさい。それからまた行くと倒れ木があって、やはり〝木越せないよう〟というから、そこも抱いて越して、家につれて行って大事に育

てなさい」

そう言われて仔犬をもらって帰ると、川に行きあたったら、

「川越せないよう」

というので、抱いてわたし、倒れ木のところまでくると、

「木越せないよう」

というので、ここも抱いて越してやり、家に連れて帰り大事に飼っていた。

すると、夜になってねていると、仔犬が「宝物だよう」というと、何か家の中に物の落ちる音がして、朝になってみると、行器《シントコ》だの鉢《バッチ》だの、色々の宝物が家の中一杯になっていた。

そこへペナンペがやってきて、

「弟よ、どうしてお前はそんな物持ちになったのだ」というので「まァ、入って御馳走でも食べなさい、ゆっくりわけを話すから」というと、

「そんなことをきかなくてもわかっているわい」といって帰って行き、パナンペと同じように川の中に褌を流して行くと、やはり川向いに家があり、神女に渡してもらって犬をもらって帰って来たが、いくら仔犬が「川だよう」と啼いても、川の中につっ込んでいじめ、「倒れ木だよう」といっても、棒で頭をなぐりつけて、いじめながら家につれて帰り、家へ来てからも、散々いじめてばかりいた。

夜になって仔犬が「うんこだよう」と言ったら、何だかべったら、べったらと音がしていたが、ペナンペはどんないい物がふっているんだべと思って、ひとりでにっこらめいて、たのしみにしていたら糞がいっぱい降って来て、家の中が糞だらけになり、ペナンペはその下になってつまらない死に方をしたと。

（十勝芽室太・勝川ウサカラベ姥伝承）

上の者と下の者　Ⅷ

川下の者《パナンペ》が、ある朝おかみさんにたずねた。

「エゾエンゴサクの根はあるかい？」

「ありますよ」

「ウバユリの根はあるかい？」

「ありますよ」

それで、それらを料理して木鉢にもり、おかみさんといっしょに浜へ下りて行った。そして砂を掘って、おかみさんをそこに仰向けに寝かして、頭から砂をかぶせ、足の方からも砂をかぶせ、まん中の穴のところばかり残して、そこにウバユリやエゾエンゴサクの根でつくった料理をつめて、自分は家に帰ってしまった。

すると、沖から、いっぱい荷物を積んだ舟がやってきた。トンチトンチたちの舟であった。

（トンチトンチというのは、樺太アイヌの伝説に出てくる小人で、北海道アイヌのいわゆるコロボックルにあたる。）

トンチトンチたちは、舟から上って皆で手分けをし、舟を引き上げる滑り木を探した。そのうちに、ひとりがウバユリやエゾエンゴサクの料理のつまった穴を見つけた。

「おーい、みんな、エゾエンゴサクや、ウバユリの料理があるぞう…」

トンチトンチたちは、急いで舟から荷物をあげ、穴のところへ駆けつけた。そして穴をかこんで、終日エゾエンゴサクやウバユリの料理をどっさり食べ終ると、船頭は容器《あな》の中に指をつっこんでなでまわし、その指についた汁をなめた。

（アイヌは、食後、かならず食器をなめておく。そのなめかたは、右手の人差し指の先を折りまげて、お椀の内側をまるくなでまわし、その指についた汁をなめる。それを幾度もくりかえす。それで、人差し指のことを、どこのアイヌ語でも「お椀をなめる指」とよぶのである。）

すると、妙なことに、料理を入れた容器がひくひくと動いた。「変だぞ、穴が動く。化け穴だ、逃げろ、逃げろ！」

と叫んでトンチトンチたちは、荷物を舟へ積みこむのも忘れあわてて舟に乗りこんで逃げてしまった。

あくる日川下《パナンペ》の者は浜へおりてきて、おかみさんを砂から掘りだして、トンチトンチたちの残していった米俵だの、酒樽だの、柄のない斧などを、おかみさんといっしょに家に運こび、家も倉も品物でいっぱいになった。

川下《パナンペ》の者はおかみさんを、隣家の川上《ペナンペ》の者の所へやって、

「川上《ペナンペ》の者さん、お客にきてくださいな、酒も、米も、それから斧も沢山ありますよ。欲しいものは、何でもさしあげますから」

と言はせた。すると、川上の者はひどく腹を立てた。

「おまえのやったようなことは、俺だってやればできるよ。おまえなど、ござを織る機《はた》から靴を下げているではないか。俺は、靴だって宝壇にかけておくんだぜ。おまえなんぞ、残飯は台所から出してくるが、俺だって、やればもっと立派にやってのけるよ。この、でしゃばり野郎め！」

と妙なたんかをきって、お客に行かなかった。

そのあくる日、川上《ペナンペ》の者は自分のおかみさんにきいた。

「エゾエンゴサクの珠はあるかい？」

「ありますよ」

「ウバユリはあるかい？」

「ありますよ」

そこで、倉からエゾエンゴサクの乾したのや、ウバユリの鱗茎を出してきて料理をつくり、おかみさんといっしょに浜に下りて行った。そして、砂を掘っておかみさんを仰向けに寝かして、頭から砂をかけ、足の方からかけて、まん中の穴だけのぞかせて、その穴の中に持って行った料理をつめて、自分は草やぶの中に身を隠して、様子をうかがっていた。

すると、トンチトンチたちがやってきて、例の穴を発見し、前日のこともあるので、こんどは荷物を陸揚げしないで、用心しいしい料理を食べ終った。食べ終って、船頭が容器に指をつっこんでなでまわすと、例のようにまた穴がひくひく動いた。

「やっぱり、お化け穴だった。逃げろ、逃げろ！」と言って、一同はあわてて舟に乗りこんで逃げてしまった。

川上の者も、あわてて草やぶから飛びだしてはみたものの、宝物は一つもないし、料理は皆食われて逃げられ、仕方なし、おかみさんを連れてしょんぼりと家へ戻って行った。


（知里真志保『えぞおばけ列伝』）

女神の貞操帯《ポンクッ》

或る娘が兄と二人で住んでいた。

兄は毎日山に狩に行き、娘は刺繍に余念がなかった。そんな或る日、兄が娘に向っていうことには、

「お前には将来オタサムンクルと結婚するように、きめられてあるのだ」

と言われたが、そうかしらという軽い気持ちで、それをききながしていた。するとまた或る日、

「女というものはこういうものをしめるものだよ」

といって一本の細い紐を出してみせてくれた。

「どんなにしてしめるの」

ときくと、

「臍の下にしめるものだ、私が山に行ったあとで自分でしめなさい」

といって狩に出かけたので、娘はそのあとで細紐をしめ、いつものように浜に出かけて、砂の上に模様を描いたりして遊んでいると、急にきれいな太陽のように美しい女が近寄ってきて、

「あんた独りなの、私と一緒に遊ばない？」

といって、とてもやさしく可愛がってくれた。それはいくら見ても女神のように美しい人で、日の入るまで遊んで、帰るときになって、

「今日は本当にたのしかった、私は本当は天の神なのだが、お前の心のよいのを見て遊びに来たのだが、もうお別れしなければならないが心のこりだから、お前のお腹に巻いている貞操帯《ポンクツ》と、私のものを取り換えないか」

といって、女神は自分の貞操帯をとって娘にしめてくれて、言うのには、

「これは、あなたが自分で本当にいいと思った男以外には、解くことができないものだよ、だからこれを解いた人のところでなければ、お嫁に行ってはいけないよ、いいの、それでは私はもう天に還るからね…」

といって、着物の裾をひるがえして天に帰って行った。

夜になって兄が山から帰ってきても、そのことを娘は兄に何も言わなかった。すると兄が、

「お前はもう女になったのだから、自分でつくった着物を荷物にして背負い、川下のオタサムンクルのところへ嫁に行けよ」

というので、翌日兄の言う通り川にそって行くと村があった。オタサムンクルは村の酋長だというので、入口に行ってそこに立っている棒を叩くと、家の中から美しい女が出て来た。

そこで娘は「何だこんなきれいな女がもう先に来ているのに」とがっかりして戻ろうとすると、一たん家に入った女の人がまた姿を現わして、娘の手をとって家の中に招じ入れ、客座に坐らせられたので、かしこまって頭をたれ、顔の前にさがった髪毛の間からそっとみると、案内してくれた女の人はここの家の妻らしい様子であった。

夕方になって男が山からクマやシカをとって帰って来ると、女はそれを受けとって家の中に入れると、男もつづいて家に入って来たが、

「どうして家内のある人のところへ自分が来たのか、明日は兄のところへ戻ろう」と思ってその

晩は床に入ると、むこうの床では、

「お前さんの女が来ているのだから、あっちへ行きなさい」といって女が男にすすめている様子がわかった。

すると男が起きあがって一歩か二歩近寄って来たが、それきり立ち止まって、自分のそばに来ないでまた戻ってしまった。そうしたことが二晩も三晩もつづいた。

その家の女は、娘をとても可愛がってくれるが、とてもたまらなくなって荷物を背負って家を逃げだし、兄の家との間くらいまで帰って来ると、後から男が追いかけて来て、

「お前と私とは一緒になることになっているのに、他の村の女と先に一緒になってしまって悪かった。女もお前と一緒になれというので、お前のところに行こうと起きて見ると、お前のふところから月の光がさして、家の中が明るく見えるので、それが何だかわからなくて近寄れなかった。今日山に行って帰ってみると女がおこって、神様の女をかまわないのなら私も出るというので、追いかけて来たのだ。」

というので、

「それなら私の貞操帯を解くことができたら、一緒になりましょう」

といった。そこで男が娘の肌を見ると貞操帯が見あたらない。ところがどうして見つけたか、男が娘の貞操帯を解いてみせた。それで二人は夫婦になり、先の女も喜んで本妻と妾とになった。

或る日兄が遊びに来ると、男は兄を花莚の陰にさそって、自分の宝物を入れる箱をあけて何かを見せていた。娘は「私の貞操帯を見せているナ」と思っていた。
その晩、天の女神が娘の夢の中に現われて
「あんたの旦那も本当は半分神様なのだ、あんたの貞操帯は肉にしてあるから普通の人には見えないようにしたが、天上からあんたの旦那に教えたのでわかったのだ。これからよい狩ができるだろうから、仲よく暮しなさいよ」
といったが、亭主もこれと同じ夢を見て、二人は仲よく暮したと。

（旭川近文・杉村キナラプク媼伝承）

地獄穴

村のしもての副酋長が、家内をなくしてからすっかり気落ちがして、毎日泣いて寝てばかりいた。
或る日、天気がよいので久しぶりに起き上って、ぶらりと浜に出て、川口の海の岩の方を見ると、死んだ家内が岩礁の上でノリをとっているので、家内の名を呼びながら夢中になって走って行くと、家内は手提《コダシ》を持って、後も見ないでさっさと逃げだして、近くの地獄穴に逃げ込んだ。男は日頃は入ることを禁じられていることも忘れて、女の後を追って、その穴の中に入って行った。

穴の中はどこまで行っても真暗であったが、次第に薄明るくなって、やがてあの世の死人の村に出た。村のはずれの海辺まで追って行ったら、沢山の人が集って舟から網をあげている中に、家内の姿がまぎれ込んでわからなくなってしまった。

そこにいる人にたずねると、すぐ近くの家を教えられて入ってみたが、どれが誰だか、どうしても見分がつかないので外に出ると、犬が沢山集まって来て吠えつくので、もとの穴に逃げ帰り暗闇の中を通ってやっとこの世に出てみると肩や胸のあたりに、ウラズカの乾したのがぶらさがっている、気持ちが悪いので、とって投げても投げてもつくので、そのまま家に持って帰って、イモと一緒に煮て食ったら、間もなく病気になった。

近所の者が見舞いに行くと、自分の経験した地獄穴の話しをしてきかせ、「私にはもう迎えがきているのだから、これから行くから」といって死んだ。

この世で死んだ者に供えたものは、皆舟に積んであの世に送られて行くものだということだ。

（胆振虻田町・遠島タネランケ媼伝承）

死の国の話

熊狩りする夫が山に行ったが、間もなく犬の吠える声がしたので、家内が外に出てみると、夫が

青ざめて立っていて、
「身体をはらって浄めてほしい」というので、
ヨモギで身体をはらってから家に入れると、夫の言うことは、
山に入って行くと、これまで気のつかないところに穴があって、どうしてもその穴に入ってみたくなったので、中に入って行くと、先の方が暗くどこまで行っても後の方が明るかったが、行くにつれて先が明るくなって後が暗くなり、やがて別の世界に出た。
その出たところに大きなエゾ松の木があって、それに死人のついて行く杖の新しいのや、古いのが何本も立てかけてあった。海が見えたので行ってみると、大きな舟が着いて、色々な品物を陸揚げしているところだったが、見るとそこに働いている人達は、もうとっくに死んだ人や、最近死んだ人達ばかりだが、自分とぶつかりそうになっても気がつかない。近くに家があったので入ってみると、死んだ父と母とがいておこった顔をして、
「ここは死んだ人だけがくるところで、他の国なのだ、そこへ死んでないお前を呼びよせたのは、お前に言いきかせることがあったからだ。人間が死んでここへ来るとき、生きているものが火の神にたのんで、供え物を送ってよこすものだ。それが届くとそこの家では、大宴会をするものだが、お前がその供え物をしないので、誰も招待することができないし、また招待されたこともなくて、悲しい思いをしてくらしている。そのことをお前に言いきかせるために呼びよせたのだから、これ

からは誰が死んでも物を供えるものだぞ」

そう言われて外に出て、多くの人達の間をかけ分けるようにして通っても、誰も自分に気付くものがなかった。

そして元の穴に入って歩いていると、先が明るくなって外へ出て今帰って来たのだ。死人の国へ行ってくると、長生きしないものだというから、俺も間もなく死ぬだろうが、誰が死んでも物を供えれば、先に行っている先祖たちが、宴会に招待されるものだから、必ずそうするものだよと話していたが、間もなく死んでしまった。

或る女が死ぬときに、自分の子供達にそう言いきかして死んだと。

（胆振白老町・森竹竹市老伝承）

あの世への岩穴

女房に死なれた男が、キツネをとる仕掛弓《アマッポ》をかけておいて、様子を見に行ったら、大きなキツネがかかって、血を流しながら逃げたあとがあった。

そのあとを追って行くと、あの世へ行く岩穴の中に入ったあとがあるので、自分もあとをつけてその穴に入っていくと段々暗くなったが、やがて先の方が明るくなって、外へ出ると大きな部落《コタン》があり、大きな川もあって、その川を渡って部落に入ると、死んだ女房が家のわきで針仕事をしていたので、なつかしくて傍に行って袖を曳いたら、針が手にささって倒れてしまった。大勢が出てきて大騒ぎになり、女房を家にかつぎ込んでしまった。仕方なしに庫にいっぱい乾魚が入っていたので、それを二、三尾とって戻り、玄関の上に投げておいて家に入り、「どうしてこんなに帰りがおそかった」ときかれたので、今までの話しをした途端にひっくり返って死んでしまった。皆が外へ出てみると、玄関のところにおいた魚がみんな木の皮みたいになっていた。

（樺太西海岸・山田はる媼伝承）

狩人ものがたり

—俺にはひとりの弟があった。ある日弟が俺に向って言うことには、

「兄貴よ、俺たちももうこんなに大きくなったのだから、山狩に出ても大丈夫だろうと思う。さいわい、今日は天気もいいから、ひとつ二人してクマとりに、出かけてみようではないか」

弟がそう言うので、俺もそれに同意して、ふたり連れだって、村はずれの谷川に沿って、奥へ奥へと分け入った。すると狭い谷間の両側にボサボサと笹やぶがあって、その突きあたりにクマの穴が口を開いていた。その穴の所まで来ると、弟が言うことには、

「兄貴よ、お前は攻め手になって穴の中へ入って行き、クマをおびき出す役をするか、それとも

伏せ手にまわって、穴の入口で待っているかい？」

俺はしばらく考えてから、こう答えた。

「穴狩をする際は、攻め手より伏せ手がしっかりしていないと危いものだと先祖の言い残しにもあるほどだから、俺は伏せ手になって、穴の入口で待っているよ。弟よ、お前穴の中へ入れ！」

そこで弟は勇躍して、穴の中へ突進して行った。行ったかと思うと忽ち穴の中でクマと格闘でもおっ始めたらしく、おびただしい轟音が巻き起って、天地も鳴動し、震動し、耳も聾せんばかりであったが、やがてバッタリと音が絶えて、あたりは急にしいんとしてしまった。

俺は穴の外をうろうろしながら、しきりに弟の身を案じていると、そこへふらふらと穴の中から出て来た者がある。みれば弟のやつ、穴の中へ飛びこんで行った時の張りきった姿は何処へやら、全身ずぶ濡れになって口から泡を吹きながら、骨も筋も抜かれたもののようにくたくたになって、口をきく元気さえないといった無惨なていたらく。穴狩って恐いもんだなあと、その時さすがの俺もつくづくと感じた次第である。

——と当時を思い起して、今さらのように身ぶるいしながら、睾丸が物語った。


（知里真志保『えぞおばけ列伝』）

獣の話

ウサギの胆

天気がよいので、ウサギが海岸に出て、砂丘を駈け上ったり駈けおりたりして遊んでいた。見ると海岸には沢山の海馬《とど》が集まって、まるで縄をなったように休んでいた。ウサギは海馬をからかってやろうと、砂丘を駈けおりると、ぴょいと、一頭の海馬の背中に飛びあがって、ぽんぽんとはねながら、つぎからつぎへとわたって行った。しかし海馬は少しもうるさがらず、動こうともしなかった。

ウサギはいい気になって、わざと頭を強く踏みつけたり、くすぐったりしながら、だんだん沖の方へ出て行き、一番大きな海馬の背中にとびうつった。

するとそれまでじっと寝ていた大海馬が、急に沖に向かって泳ぎ出し、他の海馬もいっせいに沖に向かって泳ぎはじめた。ウサギがびっくりしていると、ウサギを乗せた大海馬がいった。

「莫迦な野郎だ、アドイコロヘンケ（海を支配する老人の意で亀のこと）の妹が病気になって、ウサギの生胆《いきぎも》が効くといって探していたので、俺が仲間を沢山つれてこの浜へ探しに行っていたのに、うまくひっかかったなァ」

ウサギはしまったと思ったが、

「それはせっかくなのに、気の毒なことをしたな、よい薬になる胆は今日は山に乾しておいて、いま持っているのは、薬にもなにもならないつまらない胆よ」

海馬はがっかりした。

「そうか、それでは駄目だ。ではもう一度浜へ戻るから、山に置いてあるよく効くのをとってきてくれないか」

そういって海馬はまた浜にひき返してきた。

ぽんと、海馬の背中から陸に飛びおりたウサギは、ぴょんぴょんはねあがって、

「ワハハ　ワハハ」

と大口をあけて笑ってころげまわり、

「大莫迦野郎、どこの世界に、胆を二つも三つも持っているものがあるべ。アハハ　アハハ」

と海馬を笑ったとさ。

（宗谷オランナイ・柏木ハタアンコイマッ媼伝承）

これと全く同じものが石狩川筋にもあり、日高沙流川筋には日本の「猿の生胆」に近い猿と亀など、北海道にいない動物の話に出て、インドや朝鮮から日本を通って伝えられた道筋がはっきりしてくるものがある。また久保寺逸彦氏が日高門別の平賀エテノア媼から採集したものは、海のシャチがウサギをだまして、海の老神カメが酒をつくったからといって連れ出し、途中まで来てカメの娘の病気

の薬にするのだときかされ、「こんな遊ぶ肝、ふざけた肝なんか役にたつものか」、本物は陸にあるといって、シャチに仕返しをするというものである。

大ウサギ物語

昔、この世の中にたった一匹よりウサギがいなかった。

そのウサギはとてもとても大きなうえに、いろいろと占いをする力を持っていたので、いつも自分の力を自慢して、人間などてんで問題にしていなかった。

あまり人間を莫迦にするので、人間の中の偉い連中が集まって、何とかあの大ウサギを退治してやろうと知恵をしぼり、金の弓と金の矢とで、仕掛弓《アマッポ》をかけた。しかし利巧な大ウサギは、そんな人間のけちな仕掛けなどをすぐに見破って、後脚でぽんと一蹴りして目茶目茶にこわして、えへら、えへらと笑っていた。

それを知った英雄ポノオタシトンクルが、

「憎いウサギ奴、今に見ていろ！」

と、ヨモギで小さな弓と矢をつくり、それで仕掛弓をかけた。

それを見た大ウサギは、腹をかかえてゲラゲラ笑った。

「金の弓矢でさえ、ひとたまりもなかったのに、どこの莫迦者が、こんな玩具みたいなことをしたのだ」

といって、笑いながら鼻の先で仕掛弓をちょいとさわった。とたんに大ウサギはなにかどきっとしたと思うと、あとは何がなんだかさっぱりわからなくなってしまった。

うまく大ウサギをヨモギの仕掛弓でとった、ポノオタシトンクルは、ウサギをぶらさげて家に帰り、皮をはぎとろうと小刀をぷつりと腹にさした。その痛さではっと正気づいた大ウサギは、これは大変だと、占いでぽんとはねあがって、

「大変だ大変だ　山から山火事がきた！」

と叫んで騒ぎたてたので、ポノオタシトンクルが驚いて、外に飛びだしたすきに、ウサギは半分はがされた皮を曳きずって、窓から外へ逃げだした。

だまされたポノオタシトンクルは、逃げるウサギをたちまち捕えて、ぶりぶりいいながら、また皮をはぎにかかった。するとこんどは、

「山津波《オキムンベ》がきた！」

といってはねあがったので、ポノオタシトンクルが喫驚して、外へ出て見たすきにまたもウサギが逃げだしたので、かんかんに怒ったポノオタシトンクルは、

「こうしてくれる」

と、大ウサギの身体を細々に刻んで、山の中にばらまいてしまった。その肉の一きれ一きれが一匹ずつのウサギになって、いまのようにウサギが沢山になったのだ。

（釧路鶴居村下雪裡・八重九郎老伝承）

ウサギの神様

昔はシカが、今の野ウサギと同じ脚をもっていた。

それでどんなに深く雪が積っても、勝手放題にどこでも走りまわることができて、とてもとても、人間の手に負えるものではなかった。

「ほんとに、ほんとに、きもやける」

猟師《マタギ》たちは、いつもシカのために、後脚で雪をかぶせられては、いまいましそうに舌うちをした。

「気の毒なもんだなァ」山の上からそれを見ていた野ウサギが、ひとりごとをいった。

「それにあの脚は、なんという便利なものだ。俺もあんな脚がほしいもんだなァ」

と、すっかり考え込んだ。

「なんとかシカをだまして、あの足と俺の足をとっかえこしたいものだ。そうすれば人間もシカをとれるし…」

そうだそうだと、何かを思いついて野ウサギはシカのところへ出かけた。野ウサギは一足一足ぬかる雪の中を、あっちの山、こっちの沢とさがして、やっとシカの家を見つけた。シカはぽこぽこともえる焚火のまえで、大胡坐をくんで背中あぶりをしていた。

「エヘン」と玄関で、大きく咳ばらいをしてシカの家に入った野ウサギは、独り言をいったものだ。

「俺の脚はなんという素晴らしい足だべ、飛ぼうと思えば空もとべるし、水の上だってへっちゃらで歩けるし…」

角を磨いていたシカが急に野ウサギの方向に向きなおった。

「おい、その脚俺さよこせ」

シカは空をとぶ脚がほしくなった。水を渡れたらオオカミだって、雷みたいなワシだってへっちゃらだ、と思ったのだ。

そしてわざといやだという野ウサギの脚をとりあげて、雪の上を走れる自分の脚を野ウサギに投げてよこした。野ウサギはあまりのうれしさに、脱いでいた着物をひっくり返しに着て、雪の上をぽんぽこ、ぽんぽこ走りだした。

野ウサギにだまされたとわかったシカは、焚火のもえさしをとって、野ウサギめがけて投げつけた。それが野ウサギの耳の先をかすめて雪の中におちて、ブスブスと消えた。

それから野ウサギは、雪の上を自由自在に走れるようになり、あわてて着物をひっくり返して着たので、夏と冬は毛皮の色がかわり、今も耳の先の黒くなっているのは、シカに投げられた焚木の炭のついたあとであると、それでウサギは人間にシカを楽にとらせるようにしたから、神様といわれるのだと。

（釧路弟子屈町屈斜路・弟子カムイマ老伝承）

コタンを救ったウサギ

私は十三人兄弟の一番末ッ子だが、いつも兄弟仲よくくらしていた。

上の兄達は、他に遊びにいっては、よく泣きながら戻ってきた。そして話しているところをきいてみると、

「どうして人間《アイヌ》の子供達は、私達を遊びの仲間に入れてくれないんだろう。折角一緒に遊びたくて行くのに…」

すると母親も悲しそうな顔をして、

「本当に他の神様（野獣）達は、皆人間のところへ遊びに行って、いつもお酒や木幣《イナウ》を、沢山もらって来て喜んでいるのに、私達ウサギだけとはどうして遊んでくれないんだろう」

といって皆が悲しんでいた。

或る日、私が下界を見おろしていると、釧路のある部落《コタン》に、野盗の群がおしかけて行くのが見えたので、何とか部落を救ったら、きっと私達にも、木幣や酒がもらえるかもしれないと思って、人間の姿をして釧路の部落の近くにやって来た。

昼ではうたがわれると思ったので、夕方になってから部落に入り、酋長の家に寄って休ましてもらっていると、そこの兄弟達は私に、クマ狩やシカ狩の話をきかせてくれた。私は神様なので、神の国の話をしていると、野盗達のまじないで、家の者達がコックリ、コックリと居眠りをはじめ、やがてみんな囲炉りのまわりでいびきをかいて、グウグウとねてしまった。

私だけは、きっと今に野盗共が来るだろうと、ねむらずに待っていると、大勢の野盗がざわざわ、ざわざわとおしよせてきたので、おどり出て片っぱしから、切り倒しなぎ倒し、どこの家のまわりにも何十人もの屍をのこして、誰にもいわずそのまま山奥の神の国に帰ってしまった。

次の日、夜があけて、釧路の部落の酋長は、はじめて昨夜のが神様だった、ということがわかったので、沢山の木幣、沢山の酒をとどけてくれたので、私の兄弟も大喜びをし、それからは木幣も酒も不自由ないくらしをするようになった。

とウサギの神様が物語った。

（日高平取町ペナコリ・川上ウップ姥伝承）

目のうすいウサギ

ホー　リム　リム
ホー　リム　リム
目のうすい私が浜へ行って、何か流れついたものでも拾うべと思って、浜をあっちへぴょん、こっちへぴょん、とんだり走ったりして行くと、
ホー　リム　リム
ホー　リム　リム
大きなクジラが浜によりあがって、白い着物をきた者と、黒い着物を着た者が、それを切ったり運んだりしていたので、少し脂肉でももらうべと思って大急ぎで行ってみたら、海のごみが沢山より上がったのに、カモメとカラスとがたかってさわいでいるのだった。
ホー　リム　リム
ホー　リム　リム
「本当に目の見えない、くたばりぞこない、くたばれ、くたばれ」
と私は私を叩きながら戻って来て、家が近くなると、これは大変、家が火事になって煙がモウモウとたっている。たまげてとびあがり、走って走って戻ってみたら、山の木原の家の上の黒い雲

だった。

ホー　リム　リム

ホー　リム　リム

「くたばれ　くたばれ」

と私は私を叩き、それからあまり遠くへは行かなくなったと、目のうすいウサギが話をした。

（釧路白糠町・相戸モンレマッ姥伝承）

同系のもので石狩川筋にあるものは、主人公がカワウソになり、「くたばれ　くたばれ　どす盲」といううたい出しで、川なりをくだってくると、人間が二人でつかみ合いの喧嘩をしているので、仲裁に入ってみたら風になびく二本の葦であった。「くたばれ　くたばれ　どす盲」と腹をたてたてまた川をくだって行くと、家があって、そのそばまで行くと火事だった。「火事だ　火事だ　人間共早く集って火事を消せ！」とどなって走って行ってみたら、女達が穀物を搗いて捨てた糠が、風にとばされるのを火事の煙と思ったのだ。「くたばれ　くたばれ　どす盲」というのである。

島にされたトド

北の文化神サマイクルの子、ポノサマイクルがいた。

ある日浜へ出て見ると、沖の岩に大きな海馬《とど》があがっていた。そこで友人のポノオキキリマと二人で舟の用意をし、立派な銛《キテ》を立派な柄《オプ》につけ、立派な綱をしっかりとむすびつけて、海馬のあがっている岩に向かって舟を漕ぎ進め、岩かげから舟を上って、一番大きい海馬に向かって銛を投げつけ、しっかりと両手で綱を握った。

ポノオキキリマも一緒になって綱をおさえていたが、海馬は七日七晩も舟と一緒に、二人の若者を曳きずり回わし、それでもびくともしない強情な奴。

八日目になって、海馬がそっと水に浮かんで二人の様子を見ると、二人とも腹がへって疲れている様子がありありとわかった。「よし、もう一息だ、今に見てろ」と海馬は、またも水底深くぐって西に走り東に走った。ポノオキキリマがつい、音をあげた。

「とても我慢がならない、綱を切るべ」

しかし、ポノサマイクルは歯をくいしばって、首を横にふった。

「負けてたまるものか！」

二人の手は綱が食い込んで血だらけになっていた。風がビュンビュンと二人の前額にあたり、はげしい浪が幾度も頭を飛び越した。そしてついにポノオキキリマがばったり倒れたので、ポノサマイクルもついにあきらめて綱を切った。そしていった。

「やい、憎い海馬奴、お前はただの人間だと思って、俺たちをひどい目に合わしたが、いまに見ていろ、二、三日もするとお前の身体にささっている銛の木はサビタだし、綱はイラクサだから、お前の身体にサビタやイラクサが茂って重くなり、だんだん泳ぐこともできなくなり、そのうちに柄のシュウリが林になって全く泳げなくなって、夜昼七日の大時化で、山とよどみの間に流されて、波打ちぎわに寄り上り、腐って山になり、大きくなったサビタやシュウリを伐りにくる男たちや、イラクサを刈りにくる女たちに小便をかけられ、くさいめに、ひどいめにあうから見ていろ！」

そういって舟をおりて山へ行ってしまった。

「何を、たかが人間のいうことが……」と鼻先で笑っていると、二、三日したら時化がきて、いわれた通り浜に寄り上って腐り、その上にサビタやシュウリが大きく伸び、イラクサが生え、それをとりにくる人間に小便をかけられ、糞をかけられ、情けないめにあった。

だから、人間だと思って莫迦にするものでない、と海馬が言った。

（宗谷オランナイ・柏木ハタアンコイマッ姥伝承）

大トド

昔、海馬《とど》はとても大きくて、海の中に一頭よりいなかった。

そして自分は世界で、一番力のある偉いものだと思っていて、世界中がみんな自分のものだと思っていばっていた。

ところがあたりのうわさによると、陸に山の真中の神《ヌプリ・ノシキ・コロ》というクマの王がいて、それが大変な力持ちで何でもわかる偉い神様だときいて、これはうっかりしておれない、出かけて行ってクマの王様をやっつけなければ、海でも陸でも一番偉い神様になれない。一つクマの王を殺してしまおうと思って、大きな川をのぼって行った。

すると川の中に大きな木の株があったので、それをバリバリと噛みくだき、

「クマの王でもなんでもこうして噛みくだいて、俺は世界中で一番偉いものになるんだ」と言い言いのぼって行き、川の水源まで行き、クマの王のいる山にのぼって行くと、大きなクマの家(穴)があったので、

「やい、クマの王の奴出て来い、俺は海で一番偉い海馬《とど》だ、喧嘩をするべ!」

とどなるとクマの王は、

「何もお前と喧嘩をする理由がないではないか、喧嘩なんかつまらないからやめろ」といって、相手にしないでいると、

「どうして出て来れないのだ、早く出て来てかかって来い」とわめくので、クマの王も仕方なく穴を出て来て、

「お前は海では一番偉いかもしれないが、いまお前をやっつけてやる。大きいからそれを自慢にしていばっているのだから、これからは小さくして海の中にばらまいて、人間達の食物にしてやる。そうすれば力持ちでも何でもなくなるだろう」

といって、いきなり海馬《とど》を押えつけて食いちぎって、川の中に投げ込んだ。

投げ込まれた海馬の肉は、一つ一つが小さな海馬になって、海に泳ぎくだって行った。クマの王ヌプリノシケクルは、なおも肉や脂や骨を食いちぎって投げたので、海の上《かみ》にも下《しも》にも海馬《とど》がちらばり、人間の食糧になったのだと。

（釧路白糠町・相戸モンレマッ媼伝承）

クマとトド

やっとこさ世界ができあがったころのことだ。

一仕事終わった国造神が、さて一ぷくするべと思って、たばこを、木でつくった煙管《きせる》につめて、そばにあった白樺《がんび》の棒っこをとって、ごっしらごっしらこすって火をつくるべとしたが、なんぼこすってもこすっても、ぶすら、ぶすらいぶるだけで、黒い粉と黄色い粉がこぼれて、どうしても火が燃えつかない。

そのうちこぼれた黒い粉が、もっくらもっくら動きだして、大きなクマになり、黄色い粉が風に吹きとばされて、おっかない痘瘡《ほうそう》の神様になってしまった。

「くそッ！」

舌うちをして棒をぶっとばした神様は、こんどは足もとの石っころをひろって、かっちらとぶっつけると、はじめて、ぴかっ、ぴかっと火花がでて、やっとたばこに火をつけることができたので、神様はうまそうにぷかぷかすって、さて天さ帰るべと立ち上がり、まださっきの石っころをそのまま握っていたので、どうするべとしばらく考えてから、その一つをぽいと海の中さ投げこんだ。したら、急に海の水がぐらぐらと煮たつようにわきあがって、ぽかりと大きなクジラになって浮かび上がり、びゅうと潮をふきあげたものだ。

「よし、よし」

神様はうれしそうにこっくりこっくりして、もう一つの石を草原の中にぽいと投げ出すと、両手で長いあごひげを、じゃりじゃりともみながら、天さ帰って行ってしまった。神様の姿が見えなくなると、草原に投げられた石がむくらむくら動いて、大きな大きな海馬《とど》になってしまった。そしたらこの海馬《とど》とシラカバの屑のなったクマとは仲が悪く、なにかについて喧嘩ばかりこいている。

一方が「やい、泥んこ野郎《トイソッキコロ》」というと、「なんだ、砂まみれの化物《オタソッキコロ》」とやる。こったら仲の悪いのを二つ一緒に置いたら、いいことないと思った神様、

「お前達、どっち早いか走ってみろ、そして負けた奴はこれから海へ棲め」といった。

二匹は走った走った。石っころでできた海馬はどうしても身体が重くて、軽い粉でできたクマにまけてしまった。それでクマは山に、海馬は泣き泣き海さ行くことになったけれど、よっぽど腹あんばい悪かったとみえて、今でも海岸さ寄ってきて岩にあがり、クマのいる山に向かってどなるのだとよ。

（日高新冠町・梨本政次郎老伝承）

化けそこなったキツネ

あるところに上手に鍋をつくる、シュカラカムイという神様がいた。毎日、〝カンルル　カンルル〟と金を叩いて、大きな鍋、小さな鍋を作っていた。大きいのは耳が四つもついた鍋もつくれるので、遠くから近くから、男も女もシュカラカムイのところへ、鍋買いにきた。

ところが性悪い狐がいて、ある日占いをしてみると、近いうちにシュカラカムイのところに、サンナイペッ・モイレマッという娘が、嫁にくるということがわかった。

それでキツネは一つ先きまわりをして、シュカラカムイの嫁になってやろうと思って、木原に出かけて行って、樺の木に向かってあかんべをすると、バリバリと木の皮がはげたので、その皮で鞄をつくり、トド松の松脂をとってきてウバユリの団子をつくり、カバの木に出る黒いサルノコシカケを玉にして、もう一つのウバユリ団子をつくって鞄に入れ、こんどはシナノキのところへ行って、あかんべをして皮をはぎ、その皮で荷縄をつくって鞄を背負い、すっかり娘のような恰好をして、シュカラカムイのところへ行った。

山を越え、原っぱを横切って行くと、〝カンルル　カンルル〟と金を叩く音がした。キツネ娘《メノコ》は静かに、シュカラカムイの家の戸をあけて内に入った。シュカラカムイが見ると、口が耳のところまでさけ、耳の裏側の黒い娘が、炉の右側に荷物をおろして火を焚きはじめた。

「おやおや、シンナイペッ・モイレマッという女は変なものだなァ」

とシュカラカムイは独り言をいいながら、相変わらず〝カンルル　カンルル〟と金を叩いていた。娘はいい気になって鍋に水を入れて焚火にかけ、サルノコシカケの玉をそれに入れて炊いていると、股の間から大きな尻尾が見えた。

「ふしぎなおかみさんだなア。俺のおかみさんは、尻尾が生えているんだなァ」

とシュカラカムイがいったので、キツネ娘はばれたと思ってこっそり戸を開けて逃げた。

それから二日ほどして、またこっそり戸をあけて入ってくる女があった。やはり荷物を右側に置いて火を焚きつけ、鞄の中から鍋を出し、水を入れて火にかけ、それから俎を出して、その上でウバユリ団子を刻んで鍋に入れ、二人の食べものをつくり、さらにお膳とお椀を出してウバユリ粥を盛って二人で仲よく食べ、幸福にくらしたという。

（宗谷オランナイ・柏木ハタアンコイマッ媼伝承）

悪キツネ

川の水源にいるキツネの神である私が、海の方を見ていると、沖では文化神のサマイクルと、オキクルミの子供とが、舟に乗っているのが見えたので、

「よし、ひとつひどいめにあわしてやるぞ」

といって、背中をまるめてピョン、ピョンとはねあがると、急にはげしい風がおこって、上の海が下になり、下の海が上になるような大あらしになった。

二人は力のかぎり舟をこいで、あらしからのがれようとしたが、先にオキクルミの子供の方が参ってしまった。

「ざまみろ」

といってなおもピョン、ピョンとはねていると、舟の中のサマイクルの子供が、ヨモギの小弓と矢をとりだしたので、

「ヘッ、あったら人間みたいものが、何ができるというのだ」

と思ってばかにしていると、急にヨモギの矢が飛んできて胸にあたったと思ったら、そのあと何が何だか、全然わからなくなってしまった。

しばらくして気がついてみると、サマイクルカムイの子供が山に登って来て、私をつかまえて、

「この悪狐《きつね》め、ろくでなしの狐野郎奴！」

といって両方の後脚をつかむとビリビリと引き裂いて、片方の脚を男の便所の中につっ込み、もう片方を女便所につっ込まれてしまった。

「だから世の中のキツネ達よ、人間だからといって決してばかにするものではないぞ」

とキツネの神様が物語った。

（旭川市近文・杉村キナラプヶ姥伝承）

カッパを焼いた灰

貂《てん》は天からおろされた偉い神さまだった。

テンが天からおりたころは、この世界には以前からいた、モシリ・シンナイサム（河童《かっぱ》）という化け物が棲んでいたが、偉い神さまがこの世界をつくったので、どこにもいれなくなって、世界の端の方にかくれ棲んでいた。

このカッパが、あるときテンの家に遊びにきた。

「お前さんなかなか強そうだが、どうだ、俺と一つ力くらべをしてみないか」

「よかべ」

カッパはいきなりテンを摑むと炉の焚火の中へ投げ込んで、ジリジリと焼いてしまった。

「ざまみろ、こんなもんだ」

カッパが揚々と外へでようとすると、焼け死んだはずのテンが、ひょこひょこと外から入ってきて、びっくりしているカッパをつかむと、ドシンと火の中になげ込んだ。

バタバタしながらカッパは、なんとか魂だけでも助かるべと思って、煙の中に入って、天窓からこっそり遁がれ出ようとするので、テンがプーッと息を吹きかけると、くるくるまわって、また焚火の中に落ち込んで、すっかりやけて灰になってしまった。その灰が黒くなったり、赤や白になって、いつの間にかキツネになってしまった。

カッパの灰の中から生まれたキツネには二種類ある。黒い灰から生まれたシトンビカムイ（素早い神）という黒キツネはよいキツネで、人間の頼みをよく聞いてくれて、病気も癒してくれるし、漁の獲物もさずけてくれ、海で時化《しけ》にあったときも助けてくれる。

然し赤毛で毛の薄いサㇰ・キムンベ（夏山の中にいる者）というのは、毛が少ないので冬になると穴の中にばかり入っていて、墓の中の死人の骨を食っているおっかない奴だ。そんな奴だから夏になると穴から出てきて、人をたぶらかしたりするんで、こったら奴をイカッカラ・チロンノブ（誑かすキツネ）というんだ。

（日高平取町オサツナイ・萱野利吉老伝承）

カッパは他にミントチカムイ、ニントチカムイ、フントチカムイなどともいって全道に、これの棲んでいた伝説がある。ミントチもニントチやフントチも日本の水蛟（みずち）が語源だろうといわれ、カッパの形は道南から日高付近までは、日本のものに似ているが、頭に水の入っている皿がない。日本カッパとアイヌのお化けの混血形で、奥へ入るほどアイヌ個有のお化けになっている。

オイナカムイの使ったもの

オイナカムイは、この世界のいろいろなものをつくった。いや、オイナカムイのものがいろいろなものになったんだ。

まだ天にいたときの話だ。国造神が世界や人間をつくってしまったので、やれやれとみんな集まってお祝いの酒もりをしたとき、酔っぱらった神様が雪合戦をはじめた。そしたらその一つの雪玉が、コロコロと雲の上からころげて、下の世界の上におちてしまった。そのときそれを見ていた天の大神《シーカントコロカムイ》が、髯をひっぱりながらいった。

「どうだ、あの雪の玉を一矢で射ってみろ。うまくあてたものに、下の世界ばまかせるべ」

下の世界におちた雪玉は、やまべの眼玉よりも小さく光っている。やってみたがどの神さまもどの神さまも失敗こいて、誰もあてるものがない。

一番最後にオイナカムイがうまく当てた。雪玉はパッと二つに割れて西と東に飛んだ。西にとんだのが白い獣になり、東にとんだのが白い鳥になった。獣はウサギ、鳥はヤマセミだ。

オイナカムイは下の世界におりて、のそのそ歩いていたら急にうんちがしたくなった。急いで尻をまくって用をたしたがこまった。あとを片付けるものがない。しかたなく降ったばかりの雪をまるめて尻を拭いた。拭いてしまうとぽいとそれをなげて行ってしまった。

投げられた雪玉はころころところがって行くうちに、偉い神の使ったものだから、そのまま解けずウサギになってしまった。ウサギの耳のさきに黒いところのあるのは、オイナカムイが尻を拭いたときによごれたところだそうだ。

それからまた歩いて行った。そのうちにブドウ蔓の皮でつくった履物がやぶれてきた。舌うちをしたオイナカムイが、それを脱ぐとぽいと捨てて行ってしまった。すると神様の履いたものだから腐るのはもったいないというので、もっくらもっくら動き出して小さな獣になった。それがエゾリスになった。エゾリスの体が細長いのはもと木皮靴《シドケリ》だったからだ。

もっと歩いて行った。そのうちに夏になってあったかくなったので、手にはめていた手袋《テクンベ》が邪魔になった。それを脱ぎすてて、木の枝に投げかけて行ってしまった。神様の使ったものだから、そのまま腐らすのはもったいないというので、それに翼が生えて鳥になった。キツツキの仲間のクマゲラは、神様の手袋が化けたものだ。

（胆振穂別町・森本エタマイル老伝承）

カワウソとキツネ

カワウソは、とっても働きもので、いつも立派な毛皮の外套を着て、誰よりも裕福にくらしていた。キツネはなまけもので、いつもぼろぼろの外套を着て、きょときょと歩きまわり、よそのものを盗んだりして、みんなにきらわれていた。

そのキツネが、せっかくカワウソが骨折って獲った、鮭《あきやじ》ばもって逃げた。

「この野郎！」

カワウソは口を尖らし、腹をたててキツネを追いかけた。キツネは足は早いが、サケを咥えて深い雪の中を逃げるので、思うように走れない。まごまごしていると、カワウソに尻尾をおさえられそうになったので、あわてて木の上にのぼった。

木にのぼれないカワウソはしかたなしに、木の下で張り番をしてキツネのおりてくるのを待っていた。

そのうちに、カワウソはねむくなってきた。なれない雪の中を、長いあいだキツネを追って走ったのでくたびれたのだ。

うとうとしていると、とつぜん天から大きな石がおちてきて、頭にぶつかった夢を見て、カワウソはびっくりして大声を出して目をあけた。見ると木の上にキツネがいない。

「にくいキツネ奴、腹のたつ瘦っぽ奴、俺の頭を踏みつけて逃げやがった」

カワウソは、また短い脚で深い雪の中を、どこまでもどこまでも、キツネのあとを追いかけた。キツネが平気で走れる雪の中でも、脚の短いカワウソは、腹を曳きずり、泳ぐようにしなければ歩かれない。六つも山を越し、六つの谷をわたって、行って行って、やっとキツネの家に行きつくと、家の中から話声が聞こえてきた。

「随分大きい鮭《あきあじ》だね。おとうちゃん」

「ああ、なかなか大へんだった。カワウソと腕くらべをしてね、とうちゃんの方が勝って、とったんだ。待ってろよ、今おいしい筋子《すじこ》の料理をしてやるからな」

キツネが筋子を鉢の中に出してつぶしていると、カワウソがぬっと家の中に入ってきて、びっくりしているキツネの身体に、いきなり筋子の入っている鉢をとって、がっぽりかぶせた。

それからキツネの毛色は筋子色になり、カワウソの頭のぺちゃんこなのは、そのときキツネに踏みつけられてつぶれたからなのだそうだ。

（釧路弟子屈町屈斜路・猪狩ノクマ姥伝承）

キツネとカワウソ

キツネが編袋《サラニツナ》を背負って、何か魚がおちていないかと、ひょこらひょこら、川さ出かけて行った。そしたら、大っきなマスが一尾おちていたので、大喜びしてひろって、編袋さ入れてかつぎ、ピョンコピョンコはねながら、川まのぼって行ったら、川上からカワウソがのこのことおりてきた。

「俺さっぱし魚めっけなかったが、お前ばりいいことしたな。お前の魚の頭でも、尾っぽでもいいから、少し御馳走してくれないか」

とキツネにたのんだが、キツネは口をとんがらして「やんだ！」といった。

「そんな不人情いわないで、少しけろ」といって追っかけて、キツネの背負っているマスの頭つかんで曳っぱった。

「こら泥棒こくな！」といってキツネはマスのしっぽばぎっちり摑んではなさない。

ひっぱり合っているうちに、マスの筋子がぞろぞろと出てきてキツネの毛が赤くなり、頭をがっちり咥えていたカワウソには、マスの肉がくちゃくちゃにつぶれて、黒い血が口からとびでて、カワウソの身体が黒くなってしまったんだと。


（釧路白糠町・四宅モンレマッ姥伝承）

うっかりもののカワウソ

国造神《コタンカラカムイ》のところからカワウソに、

「これでキツネの着物をつくって着せろ」

といって赤い布がとどけられた。ところがうっかり者のカワウソは、色のことをすっかり忘れてしまって、白い布で着物をつくってしまった。

「せっかくの着物をどうしてくれる」

とキツネは口をとがらしてカワウソに談判《チャランケ》をつけた。こまったカワウソは、キツネを川に連れて行って、サケをとってきて筋子をすりつぶし、それでキツネの白い毛にぬりつけて、やっと今のような毛色にした。

そこで機嫌をなおしたキツネは、カワウソの努力にむくいるために、カワウソを山に連れて行き、キハダの実をとってきて煮てつぶし、それでカワウソの毛皮の着物を染めてやったので、今のような暗褐色になった。

国造神が人間を造りかけていたときも、急に用ができて天に帰らなければならなくなって、出かけようとしているところへ、のこのことやってきたのが、うっかりもののカワウソ。

「こらカワウソ、俺は急用ができて天に帰るが、このつくりかけの人間は、そのうち天から他の神が仕上げにくるから、お前はそのとき仕上げをよく説明すんだゾ」

とこまごまと教えられた。

「ハイ　ハイ　承知いたしました」

返事だけは素直だったが、神様がいなくなると川へとんで行って、魚のあとを追いかけて、川上へのぼったり、川下に泳いで行ったりしているうちに、かわりの神様がきたときには、国造神に言いつかったことなど、けろりと忘れてしまって、目をぱちくりさせるばかりだった。

「この横着者奴が！」

と神様はカワウソを叱りとばすと、その罰にすっかり記憶力を取り上げてしまった。

だからカワウソの肉を食うときは、荷縄でしっかり頭をしばってカワウソが頭に入らないようにし、忘れものをしないように、荷縄の先きに仕事に使う道具を、全部しばっておかなければならない。

（日高平取町オサチナイ・萱野利吉老伝承）

カワウソに見込まれた娘

娘が一人でいた。

するとある晩一人の男が忍んできた。そして、それから毎晩のように、この男が娘のところへくるようになったが、それからは、娘の家の中がなんともいえない、いやな臭いがして、とても我慢してもいれないほどになり、娘は一日一日と顔色が悪くなり、しまいに骨と皮ばかりに痩せてしまった。

近所の者が心配して
「これはきっと何か悪い者が、娘の魂をとろうとしてきているにちがいない」

と、かわるがわる、娘の家に行って番をすることにしたが、ある者は殺され、ある者はまるで魂を抜かれたようにされていた。

この話を聞いた、英雄のポノオタシツウンクルは、弓と毒をぬった矢とを持って、娘の家に行って寝て待っていた。焚火の熾《おき》に白く灰がかぶさる夜中ごろになって、なにか家に近よってくる足音がした。

ポノオタシツウンクルがすかして見ると、なにか獣らしいものが、入口にさげてある莚戸《アバロッペ》をそっとあげて、その下から家の中のようすをうかがっていたが、やがて莚戸をそろりとまくって入ってきたのを見ると、人間のように見えているが、足が四本ある。弓に矢をつがえてブンとはなすと
「ギ！ギ！ギ！」

と変な悲鳴をあげ、莚戸を蹴破って逃げだした。

朝になって外にでてみると、血を流しながら、川のよどみに飛び込んだ跡があるので、川筋を調べて行くと、流木のたくさん集まっているところに、獣の死骸がひっかかっているので、引き揚げてみると毒矢《シルクアイ》にあたった大カワウソだった。

ポノオタシツウンクルはそれをズタズタに切り刻んで
「それ、土の中の虫も、草のかげの虫も、ご馳走してやるぞ」
といって肉片をあたりにばらまいた。
そして弱りきっている娘の着物を脱がして、すっかり身体を洗わすと、すぐに元気を取戻して、もとの身体になった。家の中の悪臭はカワウソの小便の臭いで、それを人間が嗅ぐと弱い人間は死んでしまうし、強い人間でも気が変になるものだと教えた。

（空知新十津川町泥川・空知保老伝承）

忘れんぼうのカワウソ

「カッパ　レウレウ　カッパ」

おれはどうして頭つぶれで、物忘ればかりするんだべ。

人間どもは俺の持って行った土産の肉を食うときは、山に行く者は、山に持って行く弁当だとか、道具をすっかり腰につけ、海に行く者は、海に持って行くものを、すっかり身体につけてからでないと、土産をくってはくれない。

「カッパ　レウレウ　カッパ」

本当にきものやける（腹の立つ）つぶれ頭。

昔々、神様がおれに言いつけた。まだ世界がふにゃふにゃのときだった。俺は天の神様のいいつけで、はるばる地上におりてきた。そこら中がまだずぶずぶぬかる湿地《やち》ばかりだったが、どこへ行っても鮭《あきやじ》がうようよしていた。大きなぴんぴんした元気のいいやつばかり、たしかに俺の目の色がかわってしまったし、頭もぽーっとなってしまった。いきなり奴の尻尾にとびついたが、奴もはしたものでない、その早いこと早いこと、まるで雷様の目ばたきみたいだった。

負けるものかと、島の北のはしから国の南の果てまで、年も忘れるくらい追いかけた。夏六回、冬六回、いやもっとたくさんの年かもしれない。すっかり疲れてしまって、さてどうしようかと思って、はっと気がついた。

「これはことだ。遊びにばかり気をとられて、神様にいわれたことを、けろり忘れてしまった。さて何だったけ、何だったけ、そうだ思い出した、川を両方に流れるようにしろと、国造神にいうのだった」

あわてでとんで行ってみたら、もうすっかり国造りの仕事が終わって、国造神はとっくに天に帰ったあとだった。

「カッパ　レウレウ　カッパ」

本当にくやしい俺のつぶれ頭。俺はもう恥かしくて天に帰るのをやめたのに、片方にだけ流れるようになった川の奴、今でも俺を見ると「バカー　バカー」といってわめくのだ。

（胆振虻田町・遠島タネランケ姥伝承）

とカワウソの神様が物語った。

カワウソは物忘れする動物として色々な伝説や説話がある。熊祭のとき獺《エサマン》という言葉は禁句で、それを言った者はひどく叱られる。祭事を忘れて神様に失礼しては大変だからである。

カワウソの子供

ウラシベツの酋長は、山に狩に行くと手ぶらで帰るということはなく、おかみさんが畑をつくれば、何でも作物がよく稔り、何不自由ないが、夫婦の間に子供がなくて淋しいので、神様に祈願するたび「男でも女でもよいから子供をさずけて下さい」とたのんでいた。

するとおかみさんのお腹が大きくなって、子供が生れたが、頭や手など上半身がカワウソで、腰から下が人間であった。不思議なこともあるものだと思いながらも、その子供を育てていた。

「きっと碌でないカワウソ奴が、わしの生命をとりたくて、こんな子供をさずけたにちがいない、よしみてろ、今にひどいめにあわしてやるから」

そう思った酋長は舟を漕ぎ出し、おかみさんが舟の舵をとり、酋長は大槍《パラオプ》で川の深みをかきまわしてあるいたので、カワウソは逃げ場がなくなり、水の上に姿を現わしたところを、力を入れて突いたが、カワウソもさるもの、ひらりひらりと逃げまわっていたが、ついに突き殺されてしまった。

「ざまあみろ」

と死体を川原に投げて家に帰ったが、いくら化物の子供といっても、殺すわけにもいかず乳をのませて育てていたが、そのうちこの妙な子供はどこかへ姿をかくしてしまった。

或る晩、ウラシベツの酋長が眠っていると、家の守神が夢の中に現れて、「カワウソはお前を殺したくて、妙な子供を生ましたのだ」と教えてくれた。それで酋長は腹をたてて、幾晩も幾晩も眠らずにいたが、或る晩、疲れてうとうとすると、カワウソが夢の中に現われて、

「私が悪い心を持って、大変申わけないことをした、その為殺されても、酒も木幣《イナウ》も貰えなかったので、今はカワウソの仲間にも入れられず、カワウソの王様には、ひどく叱られて毎日泣いてばかりいる。せめて山刀《なた》で削った木幣でもよいから拵えてくれれば、それで王様にも謝れるし、仲間にも入れてもらえる。先の子供は私が引とって育てることにしたから、私の願いをきいてもらえるなら、こんどは丈夫な本当の人間の子供男一人、女一人をさずける」

朝になってきくと、おかみさんも同じ夢を見たというので、酋長は木幣《イナウ》をつくる木を伐りに山にいき、酒と木幣とをつくってカワウソにあげた。するとその次の晩にまたカワウソが夢の中に出て来て、

「おかげで頭が新しくなった、これからはお前の守神になってやるから、何もおそろしいものが

なくなるから安心してくれ、そして子供も石のように丈夫な男と女の子が生れるだろう」

といった。カワウソのいうとおり、おかみさんは間もなくお腹が大きくなり、そして男の子と女の子供が生れ、魚でもクマでも沢山とって、何不自由なくくらすようになったから、私達の経験を話すのだと、ウラシベツの酋長が物語った。

（胆振虻田町・遠島タネランケ姥伝承）

犬のはじまり

姉も妹も病気の神であった。

姉の方は大変性の悪い病気を、世の中にばらまいて歩く神であったが、妹の方は心のやさしい神であったので、姉の行く村で人々が、バタ〳〵と斃れて行く病気のむごたらしさにたまらず、妹は或る酋長にこっそり智慧をさずけ、

「自分達の嫌いなのはエンジュだのコブシやキハダの木だから、それを湯に入れ、キハダの実なども入れてのんだり、身体を洗ったり、また戸口や窓にさげておくと、死人も生き返るから」

と教えた。

そのため姉は、アイヌの村を歩けなくなったので、帰って来た姉は、アイヌに智慧をつけた妹を叩いて叩いて折檻し、まるめて投げ捨てた。そのため妹は小さな子犬になってしまい、そこらをう

ろうろ歩いているうちに、自分の助けた酋長の村に来たら、酋長は可愛い犬だといって、拾ってくれた。それから犬というものが人間《アイヌ》に飼われるようになった。

（釧路白糠町和天別・相戸モンレマッ姥伝承）

喋れなくなった犬

犬は昔、天にいたときには、人間と同じように喋ることができた。

あるとき、アイヌの文化神オキクルミが、天の神々のところに用があって出かけて行ったところ、神々がオキクルミを歓待して、アワやヒエのおいしいご飯を食べさせた。これはうまいものだ、なんとかして人間の国へも、こんなうまいものをお土産に持って帰って、みんなを喜ばしてやりたいと思った。

しかし天上の神は、それを地上に持って帰ることを許してくれなかった。オキクルミは石になるほど考えたあげく、自分の両方の脛を切って、そこにアワの穂を一房と、ヒエの穂一房をかくしてしばり、知らん顔をして下界におり、さっそくそれを便所のわきに播いて、毎日毎日穂が出て稔るのを待っていた。

一方天上界では大騒ぎ。オキクルミがアワとヒエを盗んだというので、それを取り戻さなければならないと、大評定の結果、一番弁舌のたつ犬がえらばれて、オキクルミとの掛け合いに、地上におりることになった。

地上におりた犬は、あちらこちらとオキクルミの行方を探して探して、やっと彼の家を見つけた。便所のわきにはアワとヒエとが穂を垂れて稔っている。

犬は勢い込んでオキクルミに談判《チャランケ》をつけた。

「どうして天の食べ物を盗んできた。サァ返してくれ」

しかしオキクルミは、大眼玉をむいてやり返した。

「俺がいつ天上の食べ物を盗んだ。なにを証拠に盗んだというのだ」

「盗んだ証拠に天によりないアワとヒエが、あれあの通り穂を出しているではないか」

犬は便所のわきのアワとヒエを指さして、やかましくつめよった。しかしオキクルミは少しもさわがず、

「莫迦をぬかせ、あれは俺が天でご馳走になって帰り、あそこへ脱糞をしたのから生えたものだ」

「いや食べたものから生えるはずがない」

「うるさい！この莫迦野郎！」

オキクルミは魔力をもっている、イケマ（ががいも科の植物）の根でいきなり犬の口を叩くと、犬はとたんに口がきけなくなり、天に帰っても神様に何も報告ができず、ただキャン、キャンとな

くばかりになった。犬が喋れなくなったのはそれからである。

（日高浦河町荻伏・浦川村太郎老伝承）

孤児を育てたネズミ

山の中に一人の男の子と、老人《エカシ》とが住んでいた。

老人は毎日山に狩りに出かけて行くが、決してクマとかシカを、一頭まるまるとってくるということがなく、小さな肉の切れを二切れほど持って帰ったり、時にはわずかばかりの米を持ってきて、子供を育てていた。

何年も何年も、そうして暮して子供が大きくなり、やがて自分でつくった弓で、はじめ家の中の宝物《イコロ》などを射って遊んでいたが、だんだん外にでて、家の近くにくる小鳥を狙うようになり、しまいにはシカまでもとってくるほどの少年になった。

ある日、老人が子供に向かって、

「俺は本当は人間でないのだ。この家のできたときから床の下に住んでいたネズミだ。ある年の戦争でお前の両親が死んでしまい、お前はたった一人家の中に残されて、夜となく昼となく泣いていた。お前の両親は、俺が床下にいてときどき家の中から肉をとったり、何かを嚙ったりしても、一度だって悪いネズミだといったことがなかった。それでお前が独り、家の中に残されて泣いている声をきいていると、とても眠ることができないので、いろいろ考えた末に、人間の姿になってお前を育てようとしたが、山に行ってシカやクマは勿論のこと、ウサギやキツネさえもとることができないので、方々の村に出かけて行って、小さな肉を盗んだり、どうかすると僅かばかり米もとってこれた。だがいよいよお前も一人前になり、山に行ってシカでもクマでも獲ることができるようになったし、俺はもうすっかり年寄りになって働らけなくなったから、家の下の住まいに戻って死ぬが、俺が死んだあとは、お前の親類の者がきて、お前のいい嫁さんを世話してくれるだろう。もうこれきり、お前の顔も見れないし、お前も俺の顔を見ることができないだろう」

そういったと思うと、老人の姿は、たちまち毛の脱けた一匹の年寄りのネズミになり、よたよたと床の下に入って行った。

「お爺《エカシ》!お爺《エカシ》!」

男の子は呼んだが、老人はもう帰って来なかった。

子供は何日も何日も、老人の名を呼んで泣きくらしていたが、そのうち老人のいった通り、親類のものがきて、あたりに昔のようなにぎやかな部落ができ、今のようになったのだと、その子供が大きくなってから話をした。

（釧路鶴居村下雪裡・八重九郎老伝承）

トガリネズミの酒盛り

とがり鼠が、人間の家から一粒の米をもって家に帰ってきた。そしてまた走って行くと、草に鼻先をぶっつけて、ころりと気絶してしまい、やっと気がついてまた走って行って人間の家に入り、麹を一粒咥えて来てドブロクをつくった。

そして酒ができあがったので、カラスのところに行って招待し、ワシのところにも行ってワシも招待した。その帰りにも何度も草に鼻をぶっつけて、気絶しながら帰ってきた。

帰ってみるともうカラスもワシも酒に酔ってさわいでいたが、そのうちカラスが小便のため外に出たが、帰りに人糞を咥えて来て、行器《シントコ》（アイヌはこれにできあがった酒を入れる）の縁に立って踊りながら、歌をうたおうと「カアー」というと、人糞がポチョンと酒の中に落ちてしまった。それでワシがおこってカラスと取っ組み合いの大喧嘩になった。

あわてたとがり鼠はヒバリのところへ仲裁をたのみに走った、途中で草にひっかかって何度も気絶しながら、やっと行って頼むとヒバリは「酒をつくってのむときに私を忘れて、ワシとカラスを呼んでいて、喧嘩の時だけ私を思い出すのか」といったが、とがり鼠は「何とかカラスを助けてやって下さい」というので、ヒバリも仕方なし出かけて行って仲直りをさせ、自分も酒をのんだ。

こんな苦しいめにあったので、それからカラスもワシも招待しなくなったので、それをうらんで

（釧路阿寒湖畔・舌辛サイケサニ老伝承）

私を狙っているのだ。

と、とがり鼠が物語った。

化けたキネズミ

むかしむかし、ある男が山狩に行くと、クマの子が一匹うろうろしているのを見つけたので、生捕りにして家に連れて帰り、檻の中に入れて大事に育てていた。するとそのクマの子が僅かの間にずんずん大きくなっていった。

ある夜のこと、その男が真夜中近く、ふと目を覚すと、戸外のクマの檻のあたりがひどく騒々しい。ふしぎに思って横窓のおおいの陰からそっとのぞいて見ると、檻の中には目のところまでツルリと禿げた子供がおり、檻の外には編みかけの木皮籠《サラニップ》をかぶったように、髪を振り乱した怪しい女がいて、その女が打つ手拍子に連れて、禿げた少年がしきりに踊っているのであった。

男は驚いたが、念のために翌晩もそっとのぞいて見ると、やはり前の晩と同じく、編みかけの木皮籠をかぶったように、髪をふり乱した女の、手拍子に合わせて、頭の禿げた子供が、檻の中でしきりに踊っている。

男は村の長老を訪ねて、どうすればいいかと相談した。長老はまあ俺にまかせておけといって、さっそくクマ祭の支度にかかり、まずウエニナウといって、悪魔払いに使う特別の木幣を六本作った。そしてその中の一本を取ってクマ祭の祭主にし、他の一本に客人の役目を振りあてて、納屋と便所との間に立てた。

ふつうのクマ祭には家の東の窓の外を祭場にするのであるが、この際はわざと反対側の不浄な場所を択んで祭場にしたのである。

それから子グマを、女の貞操帯でしばって檻から引き出し、祭場に連れて来て、不意に棍棒で叩くと、思いがけなくそれが、一匹の木鼠の死体となって転がった。

長老はさんざん罵りながら、その死体をこまかく刻んで、塵といっしょに掃溜に捨ててしまった。

知里真志保『えぞおばけ列伝』

アザラシの神と女

遠い遠い村に、一人の娘がいた。

それがとてもよく働く男と結婚した。夫は毎日毎日シカをとりに山に行ったり、川や海に魚をとりに行って、何年か何不自由なく暮しているうちに、仕事熱心のあまり、自分をかまってくれない夫に不満をもつようになった。

或る日、夫が山に狩に行っているうちに、裏の細道を行くと小さな沼があり、そこに若くて立派な男のいることを思い出して、一番立派な着物を着、首に飾玉をさげ、御馳走と莫蓙《ござ》とをもって、細道を伝って沼の岸に行き、莫蓙《ござ》のよごれた方を下にし、きれいな方を表にしてしき、その上に御馳走のお膳を置いて踊りながら、

「早くあがってきて、夜もひるも私と一緒に遊びましょうよ」

と歌っていると、沼がざわざわと波立ち、何かが岸にあがってきたと思うと、立派な男になった。そこでこの人間だか神さまだかわからない者と一緒に、遊んだり御馳走を食べたりしてくらし、夫が山から帰る前に家に帰って、晴着も首飾りの玉もとって、ふだんの姿になって夕食の支度をしていると、夫がシカをとって来て家の裏におろす音がして、家に入りふだんのように夕食をとって床についた。

二、三日してまた、夫が山に出かけたので、また御馳走をつくり沼の岸に行って、莫蓙《ござ》を敷いて神様を呼んでいると、海豹《あざらし》の姿をした神さまが陸にあがって、ぶるぶると身震いをして水をはじくと、急に人間の姿になったので、二人は御馳走を食べ、寝たり起きたりして遊んでいると、急に神様がもがきだしたので、びっくりして見ると、いつの間にか来た夫の投げた銛が、神様の背中に、突きささっているのだった。

神様はあたりに霧のように血を散らしながら、沼に飛び込んで水底にくぐって行ったあと、夫は

女をなぐってなぐって、ボロ布のように捨てて帰ってしまったが、行きどころがないので、あとからはいずるようにして家に帰ったが、夫はもうかまおうともしなかった。

その後また夫が山に出かけた留守に、女は自分の立派な着物を出して身体につけ、沼に行ってそのまま水の中に入って行ったが、水の底にもぐっても少しも苦しくならず、ついに沼のむこう岸にあがって行くと、両側に血を散らしながら神様が、石の家に入ったあとがあるので、そこに入って行くと、うなり声がし、足の方にも頭の方にも、高い枕をして苦しんでいる神様がいたので、つききりで看護をし、やっと癒ったので改めて夫婦になり、としをとって死んでしまったと。

（樺太エストリ生・藤山フミコ姥伝承）

けちんぼオオカミ

私が浜へ出てきて寄鯨を見つけ、その肉をどっさり背負って、山に帰ってくる途中、大きな人間の家の前を通ると、二人の男の子が遊んでいて私を見つけ、兄の子が、

「偉い神様、その肉を少しくださいな」

とたのんだが、私は「何をぬかす」と思ったので、つんぼのふりをして通りすぎようとすると、こんどは二人して、

「偉い神様、ほんの少しでよいからくださいよ」、といったが、

「とてもおしくて人間の子供になんかにやれるものか」と思って、山に向ってさっさと歩き出すと、兄の子が怒って、

「お前はおしがって意地悪をすると、山に行く途中のハンノキ原を通るとき、ハンノキのしずくがポタポタおちて、それからヤナギの木原を通ると、ヤナギのしずくがポタポタおち、そこでお前は動けなくなり、お前の上に砂がかぶさり、土がかぶり、そして島になった上に土ができ、木が生え草がのび、木の枝に実がなり、ブドウやコクワの実もなり、草原にはさまざまな獣や鳥が集って木の実や草の実を食べ、お前の上に小便をかけ、うんこをし、お前はそのくさい臭いをかぎかぎ碌な死方をしないぞ、腹の中のくさったきたない奴、このけちんぼオオカミ、けちんぼしてお前だけが肉をくったたって碌なことないぞ！」

とのろいの言葉をかけたが、私は腹の中で「何が人間の子供のくせに、私は神の中でも偉いものだもの、子供の悪口くらいで」とせせら笑いながら、私はクジラの肉を背負って山へ行くと、子供のいう通りハンノキの木原があったが、「何だこんなもの」と思って通り抜けようとすると、ハンノキの雫が雨のようにふりかかり、私はずぶぬれになってしまった。

それでもそこを、通り抜けると、こんどはヤナギ原になった。そこを通るまいとするのだが、どうしても曳っぱられるように、ヤナギの茂みの中に自然に入って行くと、ヤナギの雫がベチャベ

チャ、ポタポタおちてきて、全身がベショ濡れになって動けなくなり、仕方なしに持っているクジラの肉を食ってねていると、まさかなるまいと思っていたのに、私の上に土がかぶり砂がかぶって、人間の子供のいったように木が生え草がおがり、ブドウもコクワも生えて実がなり、それを食うために鳥や獣が集り、小便やうんこをかけ、そのくさい臭いに悩まされ苦しみながら死んでしまった。だから世の中のオオカミ達よ、決してけちんぼするもんでないぞ、ただの人間の子供だと思ったのは国造神の子供達だったのだ。

とオオカミの神が物語った。

（旭川市近文・杉村キナラプㇰ媼伝承）

オオカミの娘

ウライウシペッというところに、兄と妹がくらしていた。

兄はとても立派な男で、口も達者で何をやらしても人に勝れていた。その兄が嫁をもらって子供も二人できた。ところがあまり人にすぐれているので、天上にいるオオカミの妹が、すっかりこの人間が好きになり、天上の家も家財道具も持って地上におりて来て、ウライウシペッの兄の妾になって女の子が生れた。

ところがオオカミの妹は、間もなく天に帰りたくなったので、自分の娘に言うのには、

「モイサンというところにウライウシ人の叔父さんと叔母がいて、兄二人と女の子の三人がいる。そのうち真中の男の子はお前と同じ神様からさずかったのだから、お前が大きくなったら夫婦となって、幸福になりなさいよ」

と言残してウライウシペッの酋長と本妻とを連れて、三人で天にのぼって行った。

そのあと兄と妹とは、小さい妹を可愛がって育て、少し大きくなったので妹に刺繡を教えるために、箱の中から柔い布を出してきて、針と糸とをあづけると、大きな玉や小さな玉を沢山つくった。それを見て兄と妹とは後を見てはクスクスと笑った。すると小さい妹はそれを怒って駄々とこねるので、兄が、「お前があまり上手なので嬉しくて笑うのに何故怒るの」といってなだめたので、また一生懸命にやっているうちに、段々と妹は縫物も上手になったが、刺繡をさせると、やはり姉の方がくらべようもないほど上手であった。しかしそのうちに妹も、姉よりも上手にやれるようになり、二人でつくった着物を衣紋掛け《カケンヂヤイ》にかけておくと、姉のつくったものの上には白い雲がかかり、妹のつくったものの上には光がまばゆく見えた。

それを毎日毎日やっていたら、兄が何かこまったことがあるらしく、炉の中をかきまわしながら、燠《おき》を遠くへ押しやったり、近くへ引寄せたりして、何かを言い出そうとしていたが、

「お前の母親は、天のオオカミの妹だが、私の父親があまりに人にすぐれて、何でもできるので、家も道具も持って父親のところに来て、一緒になりお前が生れたのだ。そして天に帰ってしまった

が、帰るときにお前の母親が、お前が大きくなったら、モイサンというところの従弟と一緒にさして呉れ、と言っていたのだから、お前はそこへ行ってごらんよ」

というので、妹は「今までこんなに可愛がってくれたのに、どうして他所へやろうとするのだろう」と、あまり気にしないでいたが、毎日言われるので、嫌になり、或日天気のよい日に立派な着物をきて、首飾りの珠をかけ耳環をつけ、姉に手をとられて外に出て見たら、自分は山の麓にある家で、育てられているのだとばかり思っていたのに、外はゴーゴーと流れる川の傍の、大きな山の頂きに建っている家で、そこから道が曲りくねって、麓の方につづいていた。

姉に手をひかれ、兄にも送られ、川の流れに沿うと浜の方にくだって行くと、忽ち海岸に出た。浜に出てみると、波打際にきれいに乾いた砂浜があり、そこで兄と姉に見送られて、独りで波打際をしばらく行って後を見ると、兄と姉は、

「早く行け、早く行け」というので、行って行って又後を振り向くと、兄と姉の頭の上に白い光がかがやいて見えた。

尚も先を急いで行くと、もう兄と姉の上の光も見えなくなり、やがて細い川の流れているところに出た。するとその川に沿って、自分と同じ格好をした女が一人、山の方からさがって来て、二人は、川の合流点で行きあった。するとその女は

「やあ、よかったよかった、私は遠いところから来たので、淋しくて淋しくていたのに、本当に

よい連れを見つけてよかった」

といって喜んで、こちらが何もいわないのに、その女は独りで喋って喋って、行って行って、

「少し休まないか、あまり遠くから来たので疲れてしまった、一休みするべし」

といって砂の上に尻をついて並んで休み、女は、「頭のシラミをとってやる」というので、

「私はシラミなんていないよ」

といっても女は「そうでない」といって無理に頭を押えつけ、

「ほらほら、こんなに大きいのが、こんなに沢山いるんでないの」

といって、シラミをとって口に入れて「パチ　パチ」とつぶす音をたてた。

そのうち娘は眠ったと思わないのに、いつの間にかねむったらしく、目を覚して見るとあたりにはさっきの女の姿はなく、どうしたのだろうと思って見ると、いつの間にか自分にその女の着物を着せられ、首飾も耳環も自分のものではなく、自分の背負った荷物もなくなっていたので、泣きそうになったが、ここで負けてはなるものか、と、気を取り直し、兎に角モイサムまで行ってその上で決心しようと思い、泣き泣き歩いて行った。

行って行って夕方沢山家のある部落《コタン》についた。見るとその部落の真中に大きな家があり、その家が自分のたずねて行く目的の家だということがわかったのだが、中に入らずに外に立っていた。

すると美しい女の人が一人出て来たが、その人の美しさは、自分の姉が美しいと思っていたが、

とてもとてもそれ以上に美しく、頭の上に光が見えていた。その女が近よって来て手をとって家の中に入れてくれた。

入って見ると白髪の老翁と老婆が並んでいる間に、さっきまで一緒だった女が、自分の服装をして座り、老翁と老婆に「よく来てくれた、よく来てくれた」といわれているところだった。

そしてこの家の女に案内されて入って行くとさきの女が、

「何処から来たんだいその化物みたいな女、それをどうしてまた家に入れたのだい、今はじめて自分の兄さんを探して来たのに、その日に限って変な女を家に入れるなんて…、早く追い出してしまいなさいよ」

といってわめきたてた。

ところがそれまで光のために姿が見えなかったが、横坐のところに立派な男が黙って座っていて、先の女の方を見向きもしないでいた。すると先の女が、

「今はじめて来たのに、どうして私の方を見てくれないのさ」

といってなじるが、男は依然として黙っていたが、やがて重々しく口をひらいて、

「俺の女房になる女は踊ると片方の手からドングリがころがり、片方からは、クリが落ちるということを前々から聞いているが、今二人の女が来たが、いったいどっちが俺の女房になる人だ」

といったので、その家の娘が蒲莚を敷きひろげると、先の女が一生懸命に手足を動かして踊った

が、何も出てこなかった。

「私の手からはいつでもよく出ていたのに、今日に限ってまた、どうして出ないのかしら」

と尚も踊りつづけたが、いくらやっても何も出ないので、かわってあとの娘が踊ると片方からは、ドングリがバラバラとこぼれ飛び、片方からはクリがコロコロところがって、忽ち山になってしまった。

横座に座っていた男がよくよく見ると、先に来て喋りまくっている女の股の間から太い尾が出ていたので、いきなり炉の中の燃え尻をとってなぐりつけると、

「ケーン、ケーン」

大きな尻尾をふりながら逃げ出すのを、入口のところでつかまえ、散々叩かれてのびてしまった。

「早く来てくれてよかった、よかった、もう少し遅いと、お前の生命を投げるところだった」

といって、皆寄って抱き合って喜び、久しぶりで酒と木幣をつくり、村中の者やウライウシペッの兄や姉も呼んで祝宴をし、自分の姉もモイサムの兄と一緒になり、皆夫婦になってそれぞれ自分の家に帰ってくらし、子供もでき村が栄えたよ。昔はこんなことがよくあったものだと。


（胆振長万部町・野地シブ姥伝承）

クマとオオカミにほれられた男

私は一人の姉と一緒に暮していた。或る日姉が言うのには、

「お前には、隣村に親同志のきめた婚約者がいる。もうどっちも結婚する年頃になったから、これから行きなさい」

そこで私は旅の仕度をし食糧をもって、山を越えて行くと、古い祭壇のある泊り小屋があった。途中に泊小屋があるから、必ずそこでは木幣《イナウ》を作って、神さまに祈願をして泊りなさいよと姉に言われたことを思い出し、木を削って木幣をたて、火を焚いて食糧の乾肉を出してやいて食べ、寝ようとしていると、誰か山の方からさがってくる足音がしたので、出てみると綺麗な女だった。

女は蒲莚に包んだものを持って小屋に入ると、にこにこ笑いながら私のわきに坐って、

「昔親たちがきめておいたというのに、あんたの来るのがあんまり遅いので、私の方からやってきたが、よくここで一緒になれてうれしい」

と言うのだが、私はなんだか気にくわないので黙ったまま坐っていた。

するとまた、誰かが山の方からくだってくる音がして、家の中に入ってきた。見ると真黒い着物を着た女だった。その女は静かに私達の向い側に坐った。

するとき先に来た女が怒りの色を顔に現わして、

「何をしに、私がこうして許婚の男と会っているのに、邪魔をしようとして来たのだ」

といううと、立ちあがるや、あとから来た女の髪の毛を摑んで、曳きずり出そうとしたので、女同志の激しい組打ちになり、小屋から外へとびだして、ワーワー、ギャギャ騒いでいたが、私は黙って小屋の中にいた。

やがて外のさわぎが静かになって、黒い着物の女が莚戸を静かにあけて、片手にキツネの尾を摑んで入ってきた。

「これがあんたのおかみさんなの?」

といって見せてから、闇の中に投げ捨てる音がした。

私はあきれたが、睡むくなったので寝床をつくってねた。すると黒い着物の女も着物を脱ぎ、私の寝床の後の方から入ってきて、私の傍にねたが、私は別に女にさわることもなく朝を迎えた。

女が先に起きて着物を着はじめたが、そのときちらりと女の乳首が見えたので、私はねそべったままで、それを指先でちょんとつついた。女はびっくりしたが笑いながら外に出ていった。

私も起きあがって身仕度をすませ、このまま許婚のところへ行く気にもなれなかったので、そのまま姉のところへ戻ってきた。

「どうして戻ってきたの?」といぶかる姉にも答えないでいると、
しばらくして姉がまたしきりにすすめるので、改めてでかけて前の小屋にまで来て泊っていると、

また誰かが山からおりて来て、小屋に入る音がした。見るとそれは白い着物を着た女の人で、その女が話すのには、

「この前あんたがここへきたときに、キツネが入ってきたでしょう。その時黒い着物を着た女神が来てあなたを助けたでしょう。実は私もただの人間ではなく、オオカミの娘だが、あんたのことが心配になったのでここまで出かけてきた、私が守っているから今夜は心配なくゆっくりねて、明日は許婚のところへ行きなさい」

そういって女は私の反対側の方へ行って寝た。

翌日、女の帰ったあとで私は、許婚のところへ行き、両親に話をして娘と一緒になって村に帰り、互にたのしく幸福にくらしていた。

すると或る日のこと、家の外に人の来る音がしたので、姉が出て行って白い着物の女を連れて入ってきた。女は

「この前に山小屋に泊ったとき、さきにお前の許婚に化けてきたキツネは、六匹姉妹の一番末の性の悪いキツネで、それがお前を狙って憑こうとしたのだ。そのとき黒い着物の女神に助けられたが、あれはクマの女神で、沖のシャチ神の嫁だったが、自分の両親のところへ遊びに来ての帰り道、キツネの悪だくみを見抜いて、小屋に入ってキツネを退治し、それからお前と一緒に寝たが、お前が乳首を指でつついたことが、シャチ神に知れて談判になり、クマの女神はひどい仕打ちをうけ怪

我をして、今親の元に帰っている。だからお前は木幣をつくってシャチ神にもクマの神にも謝りなさい。そうすると女神の傷もなおり、沖のシャチ神の怒りもとけるだろう」

そこで私は木幣をつくる木を伐ってきて、神々に謝罪した。それですべてのことがおさまったと思っていると、また或る日、白い着物のオオカミの女神がやって来た。そうして
「お前が木幣をつくって謝ったので、神様たちも納得はしたが、沖のシャチ神はおかみさんを出してしまったので、今クマの女神は親のところに帰っている。そしてお前のことを忘れられないで毎日泣きくらしている。だからお前は山のクマ神の女を家内にしなさい。それから私も実はお前を好きなのだ、だから私達二人はお前のところにくるから、明日の朝、焚火の火のはねる音がしたら、窓をあけて外を見てごらん」

そう言うと、白い着物のオオカミの女神は帰っていった。

翌朝になると、本当に焚火のはねる音がしたので、窓をあけて見ると、東の方に小屋が二軒並んで建っているのが見えた。

それで私がその家に入って行って見ると、クマの女神が立派な服装をして糸をつむいでいたが、私が入って行ったので、糸つくりの道具を後に片付けたので、女の前を通って上座に坐った。

すると女は薄い鍋を出してきれいに洗い、ごはんを炊いて食器《イタンキ》に盛って私に差し出した。私はそれを受けとって礼拝し、半分食べて残り半分を女にわたした。それを女がおしいただいて食べた。

クマの女神の家を出て次の家に行くと、そこでもオオカミの女神が糸をとっていたが、私が入るのを見て道具を片付けたので、前を通って上座に坐ると、女が立って御飯を炊き、薄い食器に盛りあげてお膳に入れて差出したので、ここでも半分食べて女に渡すと、女はそれをおし頂いて残りを食べ終り、結婚の式を終った。そこで私は家に戻って家内や姉にわけを話して納得してもらい、三人の妻をもつことになった。

そしてクマの女にも男の子供も、女の子供もでき、オオカミの方にもやはり男と女の子供とができた。やがて二人の女は、

「私達は神様だから、いつまでもここにいるわけにはゆかない、やがて神の国に帰らなければならないが、そのときは女の子を一人ずつ連れて帰ることにする。それと同時にあんたの生命の半分になったときに、あんたを神の国に連れて行って、改めて夫婦になって暮すから、そう思ってくれ」

といって、それぞれ一人ずつの娘をつれて行ってしまった。

私はその子供たちを育て、猟のやり方や、漁の方法を教えてくらしているうちに、生命の半分になったのか、身体の具合が悪くなって次第に弱り、女神たちの言った通り、神の国へ行くことになったのだと、或る猟師が物語って死んで行ったと。

（日高静内町豊畑・栄　栄吉老伝承）

＊　親同志がきめた婚約者は、「襁褓《むつき》の中にとりきめた…」とか「何々の神が育つ襁褓、そのむつき

の半分に育てられた御身…」などと、ユカラの中に表現されているように、古い時代のアイヌに子供が生れると、赤ん坊のうちに、一枚の布を婚約の印に二つに分けて、同じおむつで育てるという、婚約方法があったらしい。

＊ 女が炊いた御飯を、食器に山盛にして男に差し出し、男が受けとって半分食べ、残り半分を女に戻す、それを女が食べると結婚が成立したことになる。これも古い時代の結婚の姿で、もし女が炊いて出したものを男が食べない場合は、結婚拒否ということになる。

尻尾を切られたクマの王

小さい神様なので、私はいつも、他の神様から莫迦にされていた。腹がたつのでササの葉だの、ヤナギの皮などを、刻んで刻んでコージをつくり、酒をこしらえた。とてもおいしい酒ができたので、家の中の宝物をどっさり飾りつけて、山中の神々に酒盛りの使いをだした。

夕方になり、山の奥から人間の姿をした神々がたくさん集り、

「ウサギの奴、いったい何で酒をつくったんだろう」

山の奥から来るもの、川下の方から来るもの、皆ガヤ〳〵笑いながらやって来て、戸のすき間から私の家の中をのぞき、宝物が立派に飾ってあるのにびっくりして、そのまま逃げて姿をかくすも

のもあった。

山の真中にいるクマの大王は、死ぬほどおかしい笑いを、がまんしながらやって来て、

「ちんこウサギが何で酒をつくって、偉い神々を招待したのか」

と、入口のすだれ（戸）を引きあげて、のっそりと家に入って、宝物の立派さにびっくりして、逃げ出そうとするので、私はそれをおさえて、

「まァまァ、大王様少し飲んで下さい」

といったので、仕方なく大王が坐ったが、宝物ばかりでなく、酒も立派でおいしかったので、皆びっくりして逃げだすもの、感心するもので酒宴も盛大になった頃、山の真中大王がこっそりと、大きな尻尾をふりふり、逃げ出そうとしたので、私は刀をぬいてその尻尾を切りおとすと、尻尾なしになった大王は、そのまま山に逃げ帰ったので、その他の神々もおそれ入って、こそこそと帰ってしまった。

山の真中大王は「小さいと思ってウサギ、ウサギと莫迦にしたためにひどい目にあった」と後悔したと。

（旭川市近文・杉村キナラプヶ媼伝承）

シカに化けた娘

或る部落に綺麗な娘がいたので、遠くの村、近くの村の若者達が嫁にほしい、聟になりたいといって出かけると、

「金の牡ジカ、銀の牡ジカと相撲をとって、それを負かし、谷へ投げ入れたら娘をやろう」

といった。だが誰が行っても皆シカのために谷に投げ込まれて殺され、嫁にもらうものも聟になるものもなく、そのためにどこの村でも、人員が少くなって困っていた。

そこで英雄の小歌棄人《ポノオタスツウンクル》が、貧乏人の姿をして娘の村に出かけると、やはりシカと力くらべをして勝ったら、娘をやろうということになり、両方死力をつくして組打ちになり、互に相手を谷底に投げ込むが、いくら投げ込まれても、這い上って来ては組みつき、いつはてるともなく闘いがつづくので、小歌棄人の家来達が神に向って祈り「死んだ人達も力を借して下さい」と願った。

両方とも力を出しきって闘い、小歌棄人は最後の力をふりしぼってシカを、イルラ・ソプイラ（熱泉で身体のとける穴）に投げ込こんだ、するとシカが、人間の泣き声とうなり声をあげて、熱泉の中に沈んで解けてしまった。シカだと思ったのは娘だったのである。そこで娘の家に行って、

「お前達のためにどこの村《コタン》も大事な人を失ってしまった。俺は嫁がほしくて来たわけではない、村々の大事な若者がいなくなるので来たのだ、これまで殺した人間の償いをしろ」

といって談判をしたので、娘の家で「償いも恩返しもできないから、どうか家に沢山いる子供や娘をつれて行って、煙の出なくなった村には煙をあげてくれ」といって謝ったので、その家の子供

達を連れて帰り、小歌棄人の村のかみてと、村の中央や村のしもてに思い思いの家をもたし、そこで多くなった人間をそれぞれ全滅した村に送って、村を再興させた。

そして鹿の姿をした娘の親達も歌棄に移って、村のかみてに部落をつくったと。

（釧路標茶町塘路・吉田はる媼伝承）

牡ジカの鎧

叔母さんは夜も昼も、眠らずに火を焚いて、私を守っていてくれた。

私は子供だからいつも寝台の中にもぐってぐっすり眠った。時々私が頭をあげてみると、私の枕元の横座のところに、気の荒い牡鹿《ピンネラウ》の形をした鎧《ハヨクペ》がおいてあった。

夜も昼も火を焚いている叔母さんは、何時までも何時までも、眠らずにいるので、疲れて疲れて居眠りをはじめ、あっちへ転がり、こっちへ転びしているうちに、とうとう横座の方へ転んで、鼾をかいて眠ってしまった。

私はその隙を見て、こっそり寝台から脱け出して、横座にある牡ジカの鎧の中に静かに入り、足音を忍ばせて外に出て山の方を見ると、昔から山に狩に行く細道が見えた。

それに向ってシカの足並でぴょんぴょんと走って行き、低い枝を跳ね越え、高い枝は角を後にねかせてくぐりぬけ、忽ちのうちに自分の部落《コタン》の川の水原にまで行って見ると、川が二つに分れ、左の方は昔から狩に行ってても入っていけないと言れた、おそろしい沢だときいていたが、今日は遊びに来たのだからそっちへ行って見ようと、走って行ってみると、岩が重り合ったけわしいところだが、それもかまわず飛び上って行ってみると、その上はきれいな平地になっていて、その平地の縁に、シカが水をくぐって遊ぶ、ペサといふ水たまりがあったので、そこに行って草の匂いをかいだり、ペサのかみてに跳ねて行ったり、下てに跳ねたりして、細い立木や太い木には角をからんでねじ倒したり、さまざまあばれ、青草を食べる真似などしていると、奥の方から人の声がしてきたが、聞かないふりをしていると、段々話声が近寄って来て、

「今まで何日歩いても、迷ったことのない山だが、今日に限って道に迷って、とんでもないところに来てしまった。昔からこのオタスツ部落《コタン》の左沢の奥というのは、人の歩かない、人の行かないところだときいていたのに、今日に限って迷ってとんでもないところに来てしまった。」

そういう話声だったが、私はそれでもきかないふりをして、水溜《ペサ》のところで跳ねて遊んでいると、話しながら来た者の中の、頭だった者を見ると、湿地の中の大木に手をつけ足をつけたような大男で、それを真中にして前に六人の若者、後に六人の若者を従えていた。

真中の大男は金の杖を振りまわしながら、

「道に迷ったが、皆元気出して歩け、見ろ先の方の水溜《ペサ》のところに大きな牡ジカがいるから、弓

で射てとれ」

といったので、前に立つ六人が金の矢でどんどんと射てよこしたが、私は牡ジカの角で忽ち皆はじきとばして、六人共矢がなくなってしまった。

そこで後の六人が変って矢をうってうって、皆うちつくしたので、私は角を振り振り、そいつ等を追いまくり、角にひっかけて立木や大地に投げつけて、みるまに全滅させてしまった。

すると大男が金の杖を振りまわして向ってきた。けれども金の杖など角にからんではねとばし、逃げまわる男の前に立ちふさがり、水溜《ペサ》の傍で角にかけて、それを水溜りの中に投げ込んでしまった。

男は真逆様に水溜《ペサ》に突きささって足の先だけ少し見えていた。

それで私はさっき来た路を、走って家に帰ってみると、叔母さんはまだ、さっきのまま鼾をかいて寝ていたので静かに家に入り、横座に鎧《ハヨクペ》を脱いで置き、自分の寝台の上にあがって、寝床にもぐり込み、どこへも行って来なかったように静かにねていた。

水溜《ペサ》に投げ込まれた大男が、足をバタつかせてもがいていると、アドイサラ部落《コタン》という、悪い国の女が呪術をしてそれを見付け、大男を助け出して仇討ちをしてやろうと、手下に命じて水溜にささった大男を助け出し、色々と手当をして元気を取り戻し、これからオタスツ部落《コタン》を襲って宝物を取上げようと、酒を造って前祝いをしていた。

そこで私はまた静かに、叔母さんの寝ているうちに牡ジカ鎧を着て、アドイサラ部落《コタン》に跳ねて行った。行って見ると、上のはしも下のはじも見えない、大きな部落があって、その真中に大きな家があり、そこに集って皆が酒を飲んで騒いでいた。

その近くへ行くと、いい犬も悪い犬も沢山いて、大きなシカが来たといって一斉に吠えついた。悪い犬は遠巻きにして吠えつき、いい犬は近づいて来て脚に噛みつき尾に噛みつくので、それらを後脚で蹴飛ばして寄せつけない、それでも近寄るのは角で突きとばして追払っていると、

「何が来て、犬が吠えるのか出て見ろ」

というので、手下が、出て見ると、大シカが角で犬を突殺したり、足で蹴殺ろしているので、

「又この間の悪いシカが来たようだ、皆でやっつけろ」

といって酒を飲むのをやめて、手に手に刀をさげて出てくるもの、槍や弓をもってでるものもありで、私をめがけて殺倒して来た。

戦は夜も昼も、角で突きとばし足で蹴飛したので、私の走って行ったあとには、人間の死骸が山の峰のように積み重なり、その位人を殺しても殺しても、どれほど人間がいるのか、次から次にと人間が押して来て、なおも戦は夜も昼もつづいた。

するとオタスツ部落《コタン》の方から、雷のような音をたててくるものがあった。

何者かと見ると私の叔母さんが、女であるのに戦に使う槍を持って来て、

「お前は私に黙って来たが、この部落の者はお前のかなうものではない、私の来た限りどのくら

いの人数がいようとも、決して負けないから心配するでないよ」

といって槍をふるうと、叔母さんの行くあとには死んだ人間の山脈ができた。

そのうちに巫術女と大男とは他の悪い村に逃げてしまったので、私と叔母さんとは家に戻り、そのうちまた来るかもしれないといってくらした。


（釧路鶴居村下雪裡・八重九郎老伝承）

鳥の話

カケスの雄弁

むかし、ひどい飢饉の年があった。川には一尾の鮭《あきあじ》ものぼらず、山へ狩りに行っても一頭のシカの姿も見ることができなかった。

人間からは毎日のように、天上の神々のところへ、

「どうかシカを下さい。サケをおろして下さい」

という祈りの言葉と酒とが届けられるので、神様たちも心配して、

「困ったもんだナ、なにかユㇰテカムイ（シカを支配する神）や、チェパッテカムイ（魚を支配する神）に、気にくわないことがあるにちがいない。誰か天上へ交渉に行かにゃなるまい」

誰がその使いにいいかと、いろいろ知恵を集めたが結局、カラスがいいだろうということになったが、カラスはみんながわいわいといっているのに、炉端でいい気持ちになって、こっくりこっくり居眠りばかりしていて、他の神様の話なんて、てんで耳に入っていない。腹をたてた神様たちが、燃えさしの薪でカラスをなぐりつけたので、びっくりしたカラスは外へ飛び出してしまった。

さて、それでは誰をかわりにするかでまた一もめ、やっとヨタカがよかべということになった。

「はいきた。私が引き受けたからには、心配ご無用」

とさっそく外へ飛び出したが、外は真っ暗闇だった。

「大変だ、大変だ、山も河も大飢饉だ。人間の腹の皮が背中にくっついて、今にも死にそうだ。それで俺がこれから、天にかけ合いに行くんだ」

よけいなことをわめきたてて飛びまわるので、なにも知らない悪魔にまで、すっかり話を聞かれてしまい、天に行く邪魔をされたので、それきりヨタカはひるの間はかくれていて、夜になると人間の頭の上を、大騒ぎして飛びまわるようになった。

二度までも失敗した神様たちは、こんどは慎重に相談して、この地上で一番利巧で口の達者な、カケスを使いとして天に送ることにした。

カケスは人間からあずかった、六つの樽に入った酒を背負い、高く飛び低く飛んで、六つの天を過ぎて、天の神々のいる国へ行った。

カケスはお土産の酒を出して、天の神々を招いて酒盛りをはじめた。神々が充分酒をのんで、みんなが赤い顔になったとき、カケスはしなやかな身体つきで踊りをはじめ、シカ持ちの神のユㇰテカムイのそばに行って
「どうか人間にシカを降ろしてやって下さい」

すると今まで、機嫌よく酒をのんでいたユㇰテカムイが、急に大目玉をむいて、

「何じゃと?　人間共にシカをやれと、人間どもはナ、このごろ神様への礼を忘れて、わしがいく

らシカを降ろしてやっても、それを大事にしようとはせずに、皮だけを剥いで捨てたり、木幣もあげてくれないから、シカ共はみんな泣き泣き戻りおるわイ。そんな不届きな人間どもには、もう一頭たりともやるシカはないわい」

カケスは弱った。しかたがないので、人間がお産をするときのせつない恰好を踊ってみせた。その道化があまりおかしかったので、岩のように怒っていたユㇰテカムイも、ついにニヤリと笑ってしまった。すかさずカケスはとんで行って、

「どうかシカを、シカの袋を下さい」

ユㇰテカムイも「お前にはかなわん」といって、シカの一杯つまった大袋をくれたので、喜んだカケスは、こんどは魚持ちの神、チェパッテカムイのところに行き、

「どうか魚を川におろして下さい」

とたのんだが、チェパッテカムイもむっつりとして、太い声でいった。

「毎年毎年、川に盛りあがるほど魚をおろしてやったのに、人間共は少しもそれを有難いと思わず、腐った木で頭を叩いて殺したり、腐った木で頤を刺したりするので、魚どもは、もうあんなところへ行かせないで下さいといって、泣き泣き帰って来た。だからそんな人間どもがどんなに困ろうと、わしの知ったこってないわい」

これにはカケスは往生した。神様の怒るのも無理がない。

「だがチェパッテカムイさま、よくお考え下さいませ。もし人間がみんな、魚がこなくて死んでしまったら、誰がこんな立派な酒をあげ、また神さまとして、大事にしてくれるものがありましょうか」

これにはチェパッテカムイもぐっとつまった。

なるほど、このすっとんきょうなカケスのいう通りだ、人間奴がいなくなったら、誰も酒も木幣もくれて、神さまなどと大事にしてくれるものがいなくなってしまう。

「仕様のない奴だ。そら、持って行け」

チェパッテカムイはにやりとして、魚の入った大袋をカケスによこした。

喜んだのなんのって、カケスはさっそく袋の口を解いて海の上めがけてばらまいた。下の世界では大騒ぎしてシカを追い、サケをとったことはもちろん、それからカケスはとても口達者な神様として尊敬されるようになった。

（釧路弟子屈町屈斜路・弟子カムイマ翁伝承）

スズメの酒盛り

スズメが酒をつくった。

ヒエの穂一房を搗いて搗いて、真白になったヒエで六つの桶に酒をしこみ、二、三日待っていると、神様たちがびっくりするような香りが、家のなか一杯にひろがった。

早くそれをのみたいものだと神様たちは、もじもじしながらスズメのところから使いのくるのを、首を長くして待った。

酒がこされた。もうのむばかりである。スズメの使いが四方にとんだ。酒盛りへの招待の使いである。男のワシ、男のカケス、雄のトビに雄のタカ、それにカラス男もカワガラス男にも使いが届いた。みんなはばさばさ、ばさばさと羽音も高くスズメの家に集まった。

「なんとこれは、うまい酒だ」

みんな嘴をならしてのみ込み、座は次第ににぎやかにざわめきわたった。

そのとき、はしゃぎにはしゃいで踊っていたカケスが、こっそり外に出て行ったが、やがてドングリを一つくわえてきて、それを〝ぽちょん〟と酒桶の中に入れた。

すると酒の味は前よりも一層よくなって、神様たちは手を叩いて喜び、

「さすがはカケス神、なんとも立派な心がけ…」

といって、神々のほめる声、はやしたてる声が紫の雲のようにわきあがった。

それを見たカラス男、「俺だって…」とピョンピョン踊りながら外へ出て何かをくわえて戻ってきて〝どぼん〟と酒桶の中に入れた。すると酒はたちまち臭くなり、まずくなった。

カラスの拾ってきたのは、きたない、きたない糞の塊りだった。

さあ大変、みんな酔っていたから、たちまち大騒ぎになった。

「とんでもない、この大馬鹿カラス！」

四方八方からカラスはつつかれ、なぐられ、いまにも殺されそうになった。

驚いたスズメは、

「さてどうしよう。誰かに仲裁をたのまなければならないが、さて誰がよいだろう」

「そうだ、キッツキにたのんでみよう」

スズメは一散にキッツキのところへ飛んで行って頼んだ。ところがキッツキは、今日の酒盛りに自分だけ招かれていないので、腹立ちまぎれにこつこつと木を叩いていて、

エショク　ショキャク　お前たちは酒を造っても
エショク　ショキャク　私を招きもしなかった
エショク　ショキャク　たとえ喧嘩がはじまろうと
エショク　ショキャク　私とはそんなこと知るものか

そういいながら、一層やけくそに木を叩いていた。

ハン　チキチキ　たしかにそうだ
ハン　チキチキ　キッツキを招待するのを忘れていた
ハン　チキチキ　申しわけないことしたが

ハン　チキチキ　いまあやまっている閑がない
さてどうしたことだろうとスズメは迷った。そうだシギにたのんでみよう、シギなら何とかしてくれるかもしれない。ところがシギも機嫌が悪かった。
ハン　チピーヤク　お前は酒ができても
ハン　チピーヤク　私を御馳走に呼ばなかった
ハン　チピーヤク　たとえどんな論争《チャランケ》が起ろうと
ハン　チピーヤク　私のところへきた義理か
そういってシギは叢へもぐってうずくまってしまった。
ハン　チキチキ　まったくシギのいう通りだ
ハン　チキチキ　私はなんと間抜けだろう
ハン　チキチキ　それにしてもカラスはどうなった
スズメが急いで戻ったときには、カラスはみんなに羽をむしられ、見るも無惨に殺されていた。
（釧路弟子屈町屈斜路・弟子オコマイ翁伝承）

（雀余話）
昔、神さまが天地をつくったとき、スズメも一緒につくられて地上に放された。そして人がヒエを搗くと、必らずこの鳥がきてこぼれたヒエを集めて食べるので、「ヒエを食う小鳥」という名で呼ばれていた。

神さまが天地創造を終って天に帰るとき、スズメはうっかりして、唇に入れ墨をしている最中だったが、他の鳥や獣たちが、神さまのところへお別れに行く物音をききつけて、びっくりして入れ墨を途中でやめて、皆と一緒に神様のところへ駈けつけた。それでスズメの上嘴だけは入れ墨をして黒くなっているが、両側はそのままになっているのだと。

（バチェラー「アイヌ人と其説話」）

㊟ 六つの樽に酒をつくるということは、古い時代、六は無数を意味していたので、沢山の酒という意味である。片手の指の数が数をかぞえる限度だった時があったかもしれない。

喧嘩の仲裁に頼まれるのがツルやキツツキ、シギなどは昔の生活とあまりかかわりがないため、祭のときには神として大事にされ招待されない連中である。

カラスと親子

昔々、山の中に一人の女が、子供とくらしていた。

或る日子供が、山から獲物をかついで帰ってくると、女がプープーと焚火を吹きながら、
カラスのせがれが　プー
あんまり狩が上手で　プー
皮はぎばかりさせられて　プー
手が凍るようにつめたい　プー
口も思うように動かない　プー
窓からのぞいていた子供は母親が変なことをいって、火を焚いているものだと思いながら、家に入らずに、そのまま川下にくだっていくと、そこに一軒の家があった。
窓から家の中をのぞいてみると、一羽のカラスの子がぴょんぴょんと、家の中をとんで歩いていて、そのそばに若い女の人が焚火に鍋をかけて、何かを煮ながら、しきりに刺繍をしていた。
おかしな家だなと思いながら、自分の持っている矢の先に脂肉をさして差し出し、鍋の中にトポンと入れた、するとカラスの子が
お母さん　ハー
しゃもじ頂戴　ハー
脂が上に浮いたから　ハー
汁をすくって頂戴　ハー

といった。すると女が細い木の枝を振りあげて、

「私はお前のようなカラスの母さんではないよ、お母さんとは何さ」

といってカラスを叩いた。

それを聞いていた子供は、「これが本当の私のお母さんにちがいない」と思って、家に入ろうとすると、中から女の人が走り出てきて、

「よく来てくれた逢いたかった」

と子供の手をとって家の中につれて入り、

「私には姉があるが、お前が生まれると間もなく、その姉がどうしたことかカラスの子をつれてきて、私のところにおき、お前を無理やり連れて行ってしまったが、よく帰ってくれた」、といって、それから親子仲よくくらした。


（十勝芽室太・勝川ウサカラベ姥伝承）

カラスも大事なものだ

神様が世界を創ったころは、おっかない魔物もたくさんいた。

大きな大きな魔物は、小にくらしい人間をこまらしてやるために、人間が大事にしている日の神を殺してやるべと思って、太陽が出てくる東の地の果てに行って、待ち伏せして頑張っていた。

「こまった野郎だ。何としてもあいつが、太陽を呑めないようにしなければなんないが、さて何とするべ」

神様は頭をこつんこつんと叩きながら考えた。そしてカラスをたくさんつくって、魔物が大口あけたとき、沢山のカラスを魔物ののどへ飛び込ませた。びっくりこいた魔物は、口の中のカラスの羽をとるべと、もごもごして目をつぶっているうちに、太陽が空に高くのぼって行くんだ。それで人間にいつでも安心して魚や獣をとることができるのだから、カラスが少しくらい人間の物を横取りしても、我慢しなければならないし、ときどきは木幣《イナウ》をやらなければならないものだ。

（バチェラー「アイヌ人と其説話」）

カラスになった若妻

昔、蛇田に若い仲のいい夫婦がいた。

夫が忍路《おしょろ》の漁村に、出稼に連れて行かれたので、若い妻は毎日山の畑に行って働いていたが、無理やり連れて行かれた夫のことばかり思って、働いているので、夫の姿が目の前に現われて、畑の仕事も手につかないでいるうちに、とうとう病気になってしまって、鍬を投げて家に帰って寝てしまった。

心配した母親が「どうしたのだ」ときくと、夫のことが気になって気になって、病気になってしまったのだというので、

「それなら、洞爺の湖をまわって山越えをしていくと、忍路に行けるから…」

と母親に教えられ、弁当を持って洞爺湖畔にそうて行って、途中で疲れたので木の株に腰をかけて休んでいると、眠くなってウトウトとしていると、いつのまにか山のカラスになってしまった。

カラスの方が飛んでいけるから、早く忍路へ行けると喜んで行くと、まもなく忍路の番屋の上に来たので、番屋の屋根に止まって、首をあげさげしながら「ガーガー」となくと、漁夫達が、

「碌でなしのカラス、糞ガラス」

と悪口をいわれたが、たしかそこに夫のいるはずだから、家の中に入りたいと思ったが、漁夫たちが悪口をいって、何としても入れてくれない、仕方なしに屋根の棟木にとまって、啼いて啼いて待っているが、一向に夫の姿が見えない。そのうち漁場が終って帰ることになった。気が気でなく見ていると帰りの舟に、やはり同じようにコタンに残してきた、若妻のことを思って病気になって弱った夫が、皆にかつがれて舟に乗せられるのが見えた。

カラスになった妻は、舟のあとを悲しそうに啼きながら追って追って行くと、夫は虻田に送られて家に入ったが、まもなく死んでしまった。カラスになった若妻も、そのあとをついて墓地に行き、いつまでもいつまでも啼きくらしたと。

（胆振虻田町・遠島タネランケ娌伝承）

セキレイの土地づくり

国造神《コタンカラカムイ》が世界を創造にかかったころ、地上は大きな湿地であって、何一つ生きているものもなく、深い霧に包まれていた。

そこで国造神はまずセキレイをつくって下の世界に降ろした。混沌とした湿地に降りたセキレイも、あまりに荒寥としたありさまに、何から手をつけてよいか見当もつかず困りはてて、ただ翼を振ってそこら中をひょいひょいと歩き、細い脚で湿地を踏みつけたり、尾羽をぱちんぱちんと上下に動かして、打ちかためたりしているうちに、セキレイの歩いた湿地がだんだんと固く乾いて陸地になり、水が一方に片寄よって海になり、やっと水と陸地とが別れるようになった。

国造神は、このセキレイの働きを喜んで、自分でも大きな鉞《まさかり》と鍬をつくって、それでセキレイのかためた土地の形をつくりはじめた。セキレイも一生懸命になって、翼をふって地面を平らに掻きならしたので、そこだけが平地になったのである。

(中田千畝「アイヌ神話」)

木の株に化けたミソサザイ

英雄ポノオタシツウンクルがいた。

秋になったので山奥に入って猟小舎をつくり、そこで冬のあいだにクマやシカをたくさんとって、近いうちに海岸の村に戻ろうとしていた、ある日のこと、

「永いあいだ独りでいて、すっかり退屈してしまった。何なら腐った木の根っこでもいいから、遊びにきたら二人で肉を煮て食うのになァ」

退屈まぎれに何げなく、そんな独り言をいった。

ところが夜になったら、小屋の外をのっしらのっしらと何かが歩く音がして、小屋の莚戸をあけて、大きな腐れた木の株が家の中に入ってきて、だまって炉端にどしんと坐った。

ポノオタシツウンクルは、昼に自分の言ったことを思い出して、脂肪や肉の煮た、おいしいところを選んで盆に入れて、木の株の前に置き、どうして食うのだろうかと気をつけて見ていると、木の株は黙ったまま食べようとしない。

「何だ、やっぱり木の根っこだな」

とちょっと気をゆるし外を見ている間に、盆の上の肉がなくなっていた。

つぎの朝もやはり同じだった。

ポノオタシツウンクルは木の株をお客にしたまま、山に狩りに出かけて戻ってみると、誰がしたともなく、昨日獲ったクマの皮もシカの皮もちゃんと張ってあり、焚木も集めてきて、肉までも鍋

で煮てあった。

毎日そうしたことがつづいていたが、そのうちポノオタシツウンクルは、山で二頭の仔グマを捕えた。それでそれを連れて海岸の家に移ることになったので、

「今までいろいろと手伝ってくれて、本当にありがたかった、熊の子を二頭つかんだから、一頭はお前にお礼に置いて行くから…」

といって、一頭の仔グマを木の株に縛りつけて、自分は残りの一頭をつれて、さっさと海岸に行ってしまった。

この木の株というのは、実は川ぶちに棲んでいるミソサザイの娘で、親にいいつけられて、川のかみからしもまでのあいだの、あたりを看視をしてあるいているうちに、ポノオタシツウンクルの言葉を聞いて、木の株に化けて家の中へ入り、留守の間にいろいろと家の中の仕事を手伝っていたのだった。

それがお礼だといって、仔グマを縛りつけられたので、しかたなしにそれを連れて親の家に戻り、両親にわけをはなして、その仔グマを毎日大事に飼っていた。

やがて秋になり、そして遠くの山に雪がきたので、仔グマを山奥の神の国へ送り還さなければならなくなったが、ミソサザイにはそれの送り方を知らないので、こんどは娘が人間の女の姿になり、

「仔グマ《カムイ》が大きく育って、もう神の国《カムイモシリ》に送り還さなければならなくなったから、手伝いに来て頂

きたい」

といって、ポノオタシツウンクルのところへ頼みに行った。そこで仕方なく娘について行ってみると、とても立派な家があり、仔グマの入っている檻（神の家《カムイチセ》）のなかでは、元気よく、仔グマが走りまわっていた。

クマ送りの用意をし、祭には家の老人も踏舞《タプカラ》をしたり、物語り《シノッチャヤチ》もして無事に仔グマを、神の国に送りとどけ、散々おいしいご馳走になり、歓待され、どっさり肉もらって、いよいよ明日は帰るというので、その晩ぐっすりと眠った。

翌朝目をさましてみると、昨日まで立派な大きな家の中で、歌ったり踊ったりしていたと思っていたのに、あたりは何もない原野の真ん中だった。

不思議なこともあるものだと思って、肉を背負って家に帰った。

するとその晩、夢にミソサザイの親が現われて、

「娘に川の番をさせていたのに、お前がつまらないことをいうもんだから、お前の家に行って仔グマなどを縛りつけられて、とんでもない迷惑をしてしまった。これからは話をするとき、もっと注意して、他人に迷惑のかからないようにしてくれ」と叱られた。それでポノオタシツウンクルは酒をつくって、ミソサザイにおわびをし、ものをいうときはよく注意するものだ、と教えた。

（釧路鶴居村下雪裡・八重九郎老伝承）

なまけたシギ

「ハン　チビヤキ　チビヤキ」

私は天の神さまから、大事な仕事をいいつかって、人間の部落《コタン》におろされた。来てみたところ地上は春の真最中で、木も草も花ざかり、どこへ行ってもいい匂いがし、美しかったので、私はすっかりそれに見とれて、あっちへ行ったり、こっちへ来たりして、神様の用事などすっかり忘れてしまった。

「ハン　チビヤキ　チビヤキ」

歩いて歩いているうちに、木の花も草の花もすっかり散ってしまったので、私は神様から言いつかった用事のことを思い出し、あわててそれを片付けて神の国へ戻ろうとすると、神様のとんがった声がとんできた。

「人間のところがよくて、言いつけを忘れた奴は、もう天には戻るナ」

といって散々に叩かれ、いくら謝ってもゆるしてもらえないので、仕方なく泣き泣き地上におりて来た。

それでも自分の神の国へ戻りたいので、途中まであがって行くのだが、行くたびに叩かれて「二度と来るな！」といわれた、神様の声を思い出してはおりてくるのだ。とシギが物語った。

（釧路白糠町・相戸モンレマッ姥伝承）

カッコウの懺悔

天上の神の国からおりたばかりの私は、ひどく不機嫌で、尾羽根を扇のようにひろげ、翼を強く張って荒々しく木の枝をゆすりながら、

「クワッ　クワッ」と叫んでいた。

遙か村里の方で、人間の子供たちが集まって、私の口真似をしているのだ。

「カッコン　カワ、カッコン　カワ、カッコン」

私はそれをきくととても腹立たしく、

「憎い人間奴、悪い餓鬼ども奴」といって枝をはなれるやいなや、川という川の水を止め、沼という沼の水を飲み乾しにかかった。川も沼も乾し上げて、憎い憎い人間から魚を取り上げて、ひどい目にあわしてやろうとたくらんだのだ。

そこへ、人間のために なんだかんだと世話やきをする、オキキリマがやって来て、

「この碌でなしの化け物奴が、なんとひどいことをやったものだ、そんなことをしたら、人間が

みな死んでしまうではないか」

といって持っていた弓に矢をつがえて、私めがけて射かけたが、オキキリマの矢はひょろひょろ矢なので、私はひょいひょいと、身体をあっちへよけ、こっちかわしするので一本も当らず、そのうちに矢がみんななくなってしまったので、残念そうに帰って行ってしまった。

そこへこんどはサマイクルがきて、矢をつがえて私に狙いをつけたので、「なんだ、へろへろ矢でやれるものならやってみろ」とせせら笑っていると、サマイクルの矢が私の胸の真中をつき抜けてしまったので、私はぱっと気を失なってしまった。

しばらくして私が気がついてみると、サマイクルがおそろしい力で、今にも私の身体を踏み砕こうとしながら、

「この大莫迦者奴の碌でなし奴が、お前がそんなことをしたら、人間がみな死んでしまうでないか、川の流れを元通りにし、沼にも水を入れて、もとの通りにしなかったら承知しないぞ」

というのであった。本当に私は腹立ちまぎれに、大変心得ちがいをしていたと気がついたので、「あなたのいう通り、川も沼も元通りにするから赦して下さい。これからは子供が口真似をしても腹もたてません」といってサマイクルにあやまった。それでサマイクルも私を可哀想に思って、祭りのときには私にも酒をあげるように、人間にいいつけた。とカッコウの神様が言った。

（十勝芽室太・勝川ウサカラベ媼伝承）

カッコウの神

カッコウが天の神に言いつかって、人間の村を守るために村の裏の高い山に家を作り、朝から晩まで、晩から朝まで油断なく見張りを続けていた。ある日、文化神のオキクルミが、沖に漁をしに出かける支度をしているので、あたりを見回すと、その日は沖からひどい嵐が来ることが分かったので、いそいでそれを知らせようと思って、オキクルミの家の屋根に飛んでいった。オキクルミが窓のところに立って、祈りのときの冠をいただき、うやうやしく豊漁祈願をしている姿が見えたので、外の祭壇のところに飛んでいって止まり、

〽カッコウ　あぶないよ
カッコウ　時化《しけ》が来るから
カッコウ　あぶないよ
カッコウ　海に行くな

と言って神の歌をうたった。するとオキクルミは額《ひたい》に青筋をたてて怒りを現し、

「小うるさいてや、人がせっかく神だのみしているのにこの化け物鳥め、おい偉い人はみな姿を隠せ、貧乏人と女は出て、尻をまくってオパラパラ（尻をバサバサさせること）をして、化け物を

追い払え」

と言ったので、女と貧乏人が外に出て着物の前をまくって、バサバサと悪魔払いをしたので、腹が立ち、隣のサマイクルのところに行って、同じ歌をうたうと、サマイクルはりっぱな服装をして、村の偉い長老たちと姿を現し、

「尊い神さま本当にありがとうございます。わたしたちはお告げのとおりにいたしますから、御安心ください」

と言ってカッコウの言われたとおり海に行かず、時化《しけ》にあうこともなかった。しかし、カッコウをばかにしたオキクルミは海に行って、物凄《ものすご》い時化に巻きこまれて、あやうく生命を失いそうになった。かわいそうに思ったカッコウは、自分の姿を隠しながら、オキクルミの舟を無事に岸に着けてやり、サマイクルに夢を見せ、

「オキクルミはわたしの言うことをきかずに沖に行って、あぶなく死にそうになったのを、わたしがこっそり助けてやったので、だれが助けてくれたかと思って探しているが、わからずにいる。おまえからこれからはわたしの言うことを聞くように、教えてやりなさい」

と知らせてやったので、それからはオキクルミも酒を作って、カッコウにあやまり、木幣《イナウ》もどっさり作ってもらえるようになったので、カッコウは、天の神さまからほめられ、偉い神の仲間に数えられるようになった。

㊟カッコウが天災や地異のことを知らせる話は、いろいろとある。昔の人たちは、野鳥の行動や啼き声によって、天候の変化や獲物の行動を察知して、危難をのがれた経験の伝承が、こうした神謡《カムイユカラ》として伝えられたのである。また各地にある「カッコウの歌」というのは、カッコウはただ「カッコウカッコウ」と啼いているだけでなく、

〽自分の村の川に　魚がいなければ
　沼川に　魚いる
沼川に　魚いなければ
　村の川に　魚がいる

といって歌っているのであるという。

これはカッコウが啼きだすと川にマスがのぼりはじめるので、カッコウは魚がのぼったことを、歌で知らせるのである。

「自分の村を流れている川に行ってマスがいなかったら、他の沼のある川に行ってごらん」とは、その年の雪の降り方や消え方で、どの川も同時には魚が入らず、早く雪の消えた川には水がぬるみ、早くマスが入り、雪解けの遅《おく》れた川にはおそく入ることを、カッコウが教えるのである。

コノハズク物語

うばゆりの蕾が伸びようとしているところだった。

祖母《フチ》は小さな孫娘を連れて、森の奥にうばゆりの球根を掘りに出かけた。

大きな葉をひろげたうばゆりは、畑に耕作したように一面にあったので、祖母は夢中でそれを掘って掘って、荷造りをして帰ろうとしたとき、はじめて孫娘のいないのに気付いた。気が狂ったように森の中を駆けまわってさがしたが、娘の姿はどこにも見当らなかった。

部落《コタン》の人たちもみんなでさがしたが、ぜんぜんわからなかった。

「なにか化け物にさらわれたでなかべか」

みんなあきらめてしまった。

するとある晩、森の奥から、

「お乳《トット》、お乳《トット》、祖母お乳《フチ・トット》」

と孫の呼ぶ声がした。祖母が声をたよりに森の奥へ行くと、声は高い木の上から聞こえていたが、夜が明けてみると、木の上には見たことのない鳥がとまって、

「お乳、お乳、祖母お乳」

と啼いていて、下の草は、その小鳥の涙でぐっしょりと濡れていた。孫娘は道に迷って鳥になっ

てしまったのだと。

（釧路弟子屈町屈斜路・猪狩ノクマ媼伝承）

日高地方では孫娘は湿地《ニタッ》の魔女《ウナルベ》にさらわれ、一度逃げ出してきて「母《ハボ》ちゃんお乳《トット》、お婆《フチ》ちゃんお乳《トット》！」と叫んでいるうちに、また捕まり、鳥にされてしまった。「それで私は湿地の魔女と一緒に、夜だけ〝ハポ・トット、フチ・トット〟と啼くだろう」と夢の中で、祖母に告げるようになった。

（バチェラー「アイヌの炉辺物語」）

旭川では子供の嫌いな母親が、うばゆり採りに山に子供を連れて行き、うばゆりの葉をかぶせて殺してしまったので、子供の魂が小鳥になって、母親の悪いことを教えて歩くのだと。

（旭川市近文・川村ムイサシマッ媼伝承）

母親が子供を連れて、山にうばゆり掘りに行ったら、子供とはなればなれになり、びっくりして、夢中になって森の中を探しまわったが、どうしても見当らないので母親は飯ものどに通らず、とうとう死んでしまった。

死人になった母親は葬式を出されて、独りで死人の着物をきて杖をついて死人の国の方へ歩いて行くと、大きな木の株の上に木原の妖婆にさらわれて、きたない鳥の着物をきせられている（鳥にされ

た）子供に出会い、泣いて泣いて、

「お前のところに近よりたいけれども、私は死んだ者だから死んだ人のところへより行けない、もしお前に近寄るとお前にわざわいがあるから、遠くにいてより言うことができないが、お前の父親も今死にかかっているから、早く帰って父親に私に言われたといえば、死ぬのをやめるから早くお帰り」といって、母親は泣き泣き姿を消してしまった。

子供はこれまで、自分の父親のことも母親のことも、どうして育ってきたかも知らずに、木の上をあっちへ移ったりこっちに動いたりしていたが、親のいることをはじめて知ったので、川下へ川下へとくだって行くと、母親に教えられた通りの村があり、村の真中の自分の親の家らしいところで大騒ぎをしていた。入口に行ってみると内から父親が出て来て子供を押えつけ、川に連れて行って着物を引裂き、身体を川に入れて浄め、それから新しい着物をきせ、

「よく帰って来た」

といって泣いて喜び、父親も自分で死ぬことをやめて、子供と一緒にくらし、大きくなって嫁ももらったが、父親は死んだ家内のことを思いつづけて早死をしてしまった。

（空知新十津川町泥川・岩井マクタサ姥伝承）

オタシュツというところの女が、子供を生んで、間もなく死んだので、お婆さんが生れた孫を育て

ていた。

お婆さんは孫を揺り籠に入て、ドロノキの枝にさげておき、子供が泣くと、来てはそれをゆすってあやしていた。

夏の暑い日に、いつものように子供を、揺り籠に入れて畑を耕していて、ふとみると、揺り籠の上の木の枝に、手と足の片方づつが赤ん坊で、もう一方ずつの手足が鳥になったものがとまって、

フチ　トット
フチ　トット

と啼いているので、びっくりして木の枝の揺り籠のところに、とんで行ってみると、揺り籠の中には赤ん坊の姿がなく空っぽであった。

お婆さんは泣いて、とうとうこの木の下で死んでしまい、そのあとで「フチ　トット」と啼いていたものもすっかり鳥になってしまった。

それは揺り籠をつるしたドロノキが、赤ん坊を鳥にしてしまったのだ。ドロノキというものはろくでもないものだ。

（日高静内町農屋・福島ツネ媼伝承）

セキレイにされた悪キツツキ

性の悪いキツツキがいた。

世の中をみんな自分のものにするべと思って、川や海の魚ば皆殺しにしてしまった。人間は、食べる魚がなくなって困った。

ある村の酋長《オッテナ》も困ってしまって、わずかばかり残った食べものを背負って、山のクマのところさ出かけてみた。行ってみたらこっちもたいへん、やっぱし食べものもなくて、二頭の仔っこグマが、食いもの探しに行ったが、なんにもなくて腹ぺこになって戻って、倒れているのだった。

「何てまア可哀想なこったべ」

酋長は持っていたわずかばかしの食べものば、クマの仔にわけてやって、その晩はそこさ泊った。そうすると夜中に、酋長の夢の中さイソサンケカムイ（獲物をさずける神の意で、エゾフクロウのこと）が現われて、

「これからお前だの行く先に黒い部落《コタン》があるが、そこには意地の悪いヌプリケシコロカムイ（山の端を支配する神の意で、最も性の悪いクマのこと）のところだから、そったらところにかまわず、行って行って、白い部落さ行くべし」

酋長は翌日、夢で教えられた通り行くと、それ、黒い部落があるべさ。そったらところかまわないで通り越して行ったらば、本当に白い部落があって、そこら中一杯に、んまそな肉を乾してある。そればどっさり荷物にしてくれて、どうして人間の村が飢餓になったかというわけ教えられた。

「悪いキッツキ奴、人間だけでなく、俺だ、山の神までも殺すべとしているから、お前明日、大きなカツラの木の下さ行ってかくれていて、糞たれキッツキを退治してくれ」
そこで酋長は教えられたとおり、弓ばもってカツラの木の蔭さ行って隠れていたば、悪いキッツキがパタパタ飛んできて、カツラの木さ止まったから
「この糞たれ野郎!」
と酋長は心臓の真ん中ねらって、矢をぶっぱなした。それで野郎ころりとまいってしまった。そいつ蹴飛ばしたんだべさ、川さおちて流れて流れて海さ行って、とうとう別な鳥になった。それがほれ、あのセキレイだとよ。

(胆振勇払郡穂別町・大高ソノ姥伝承)

尻尾を抜かれたミミズク

天の神様が、下の国を守らせるためにミミズクとイケマ*とをおろした。イケマはどっしらと大地に腰をおちつけて神さまのいう通り、おとなしく島を守っていた。ところがミミズクの奴は魚が大好きなもんだから、いつも川さばっかりささって、あっちこっちと飛びまわって遊んでばかしいた。

ある日のこと、のっしり魚をとって大きな荷物を造ったミミズク、どっこいしょと背負って立つべと思ったら、たまげた、とっても重くて重くて尻があがらない。

「こまったな、いたわしいが少し軽くするべ」

荷物を少くして立つべと思ったら、とってもたまげた。けつがぺったり地べたさくっついて、何としても動けない。

「わい、大変だ、助けてくれ！」

翼ばばたばたさせ、大きな円い眼玉をむいてさわいでみたが、びくっともしない。あっちへばたばた、こっちへばたばた騒いでいたら、神様がやって来た。

「どうした、なに騒いでいる」

「見てくれ神様、俺のけつ、どうしたらとれるべ」

「そかそか、待てまて、いま手をかしてやるから」

神様、ミミズクの手ひっぱって起こしてやるべとしたが、やっぱり動かない。神様がよくのぞいて見たら、荷物の下からイケマが蔓ばのばして、ミミズクの尾羽《しっぽ》にしっかりとからまりついているんだ、神様はイケマさ言った。

「どうしてお前は、ミミズクの尾羽なんか押えるんだ」

「俺とミミズクとは、この国ば守れといわれて天からおろされたんだ。それで俺は一生懸命言いつけ守ったのに、この野郎ったら、どこでも遊んでばっかり歩いて、少しも言いつけ通りしないので、きもやけたからやったんだ」

ミミズクも大変悪かったとイケマにも神様にもあやまって、勘弁してもらったが、イケマがあんまりぎっちり尾羽押えたので、尾羽が抜けてあったらに短かく、みったくなくなったんだ。

（工藤梅次郎「アイヌの民話」）

＊　アイヌ語のイケマ（神の足）が和名になったもの、ペヌプ（水気あるもの）ともいう。山地に自生する多年生のカガイモ科植物。地下部は漢法薬になるが、アイヌは魔物を追い払う力のあるものとして、流行病や魔除けにし、また食用にもする。

談判鳥《チャランケチリ》

ヒバリはもと、天の神さまのところに住んでいた鳥だ。

あるとき神様がヒバリに地上に行く使いを言いつけ、その日のうち必ず帰って来いといいつけた。ヒバリが地上におりてみると、人間の住んでいる国はなかなかよいところで、ついあっちへ行ったり、こっちをのぞいたりして遊んでいるうちに、とうとう日がくれてしまった。しょうがないから草のあいだにもぐって寝た。

つぎの朝、早く目をさまして天に帰ろうと飛び上ったところ、神様が地上の直ぐ近くまで来ていて、大声で叱りつけた。

「私のいうことをきかないで、勝手に地上に泊まったお前は、もう天に帰ることはできない、勝手にしろ」

「そりゃあんまりだ神様、あんまりきれいにつくったから、みとれていたのに…」

ヒバリは一生懸命言いわけしたが、どうしても神様がゆるさないので、毎日空の途中まで行って談判《チャランケ》しているのだ。それでヒバリを談判鳥《チャランケチリ》というのだ。

（バチェラー「アイヌ炉辺物語」）

親不孝鳥

昔、あるところに、歳をとった夫婦ものがいた。

二人には男六人、女六人の子供があったが、末の男の子と女の子だけは親思いだったが、兄五人と姉五人は、ひどい親不孝者で、春になってマスをとって御馳走をつくっても、自分達ばかりがおいしいところを食べ、シカをとっても脂肉のところは自分達だけで食べ、両親には脂のないところばかりを食べさせたので、両親は弱って盲になってしまったので、末の子供達を呼んで、

「お前達ばかりは、人間の気持を失わないようにしろよ、これは先祖から代々伝わったものだか

ら、大事にしてなくするな」
といって末の女の子には母親の宝物を、末の男の子には父親の宝物をわたし、二人で舟にのって、
乾いた食物　カッチ　カチ
食べる音は　ペッチャ　ペチャ
と言いながら、川を流れて海に行って死んでしまった。
それから、親から宝物をもらった、末の二人の子供は人間として生き残ることができたが、他の兄や姉は皆神様のために、鳥にされてしまった。
中でも一番兄が、一番親不孝だったのでヤマゲラになり、二番目の姉はアオバズクにされてしまったが、この両方の鳥は親不孝の罰で、今でも水をのむことができずに、雨の降るときに、木の幹をつたう雨水よりのむことができなく、木の実も一日に、二粒より食べることができなくされてしまった。
二番目のは少し人間に近いところがあるが、マスがとれると自分達だけおいしいところを、俎の上でコッコッと叩いて食べていたので、マスの季節になると「コッコッ、コッコッ」と俎を叩くような声を出すクイナにされてしまった。
だから親不孝はするものでない。

（日高静内町豊畑・栄　栄吉老伝承）

けちなクイナ

クイナはもと人間だった。子供や姑がたくさんいるのに、川に行って魚を獲ってきても、子供に肉を食べさせるのをおしがって、サクラの皮の俎（真皮と共にはがし、両側がまくれあがったもので、刃物で叩いた軟骨などが飛び散らないようにできている）に魚の頭だけあげてヌタをつくるのに刃物で細く叩いていたので、神様に鳥にされたんだ。だから今でも「エロク　ロク　ロク」と音をたてているのだ。

（日高平取町貫気別・木村コヌマタン媼伝承）

キツツキとオタスツ人

オタスツ人が山に狩に行ったが一匹の兎すら姿を見せない、仕方なく山から戻ってくると、一羽のキツツキが木をつついているので、ぼんやりとそれを見ていたら、キツツキが言うのには、「オタスツ人よ、私は本当はお前に、罰を当ててやりたいほど腹をたてているんだ、お前がまだ小さい時なのだが、お腹の大きい私を射落しておきながら、木幣《イナウ》をつけて祭ってくれれば、また元のように生き返れたのに、そのままお前は私を山に放っておいたので、私は生き返ることができず、さまよい歩いていて、今でもお前の命をとりたいほど憎んでいる。然し今お前の生命をとると、お前の国が目茶苦茶になるから、我慢をしているんだが、お前が山をおりて家内を二人も持つ親方になり、子供ができたら、そのときはお前の命をとり、お前を道案内にして、行くところに行くようにするから、覚悟をしてくれ」

そう言われたので、オタスツ人は急いで山をくだり、家内をもらい子供も三人できると、何となく身体の調子が悪くなり、自然にちぢまるように弱って、死が近くなったので子供達を集めて、「どんな鳥でも間違って殺したら、必ず木幣《イナウ》をつけて拝むものだよ」と話をして死んだと。

（釧路白糠町和天別・相戸モンレマッ媼伝承）

エゾライチョウとエゾフクロウ

ポノヲタシドンクル（小歌棄人）という人が山狩に行った。

何処まで行っても行っても、何神（野獣）の足跡も見当らず、二日も三日も何日も歩いて歩いて、すっかり疲れ腹をへらし、今にものめりそうになった。

ふと先を見ると小さな小屋があって、人間がいるらしく、煙がポヤポヤとあがっているので、行って家の中に入ってみると、老爺《チャチャ》と老婆《パッコ》とが、横座に近い方と、庭に近い方とに並んで坐っていた。

老婆が鍋をかけてシカの脂肉といい肉とを炊いて、盆の上にその脂肉のいいところをあげて、

「これでいいか?」

と老爺にきくと、

「駄目、駄目、駄目!」

とどなった。そこで老婆はこんどは別な肉をとって板にのせて、

「これでどうだ?」

ときくと、また、

「だーめ　だめ　だめ」

といった。そこで老婆はこんどは肉も脂肪もない骨ばかり入れて、

「こんだらどうだ?」

とみせると、老爺は満足そうににこにこして、

「よーし　よし　よし」

といったので、老婆はそれを、ポノヲタシドンクルの前に差出したので、死ぬほど腹をたてたポノヲタシドンクルは、

「碌でなしの糞爺奴!」

といって炉鈎にかけていた鍋をとると、火の中に投げ込んだ。すると老爺も老婆もバタバタ、バ

タバタと大きな音をたてて飛びあがったので、見ると二羽のエゾライイチョウだった。そして気がついてみると、今まであった家も焚火も、鍋も皆消えてしまって、よもやと思っていたのに、自分は小さな蔓のからまり合った下に、ちょこんと坐っているのだった。本当にたまげてしまった。

そうしていると、獲物をさずけるエゾフクロウが、声を出しながらとんで来て
「この鳥は俺の使っている奴だが、碌でなしの悪い奴だから、俺の手でこいつには罰を与えてやるから勘弁してくれ、そのかわり俺の啼きながら行く方へ、山を歩いて見てくれ」

そう言われて目をさまして見ると、もうあたりが暗くなって夢を見ていたのだった。すると夢の中で言った通り、エゾフクロウが山の方へ啼いて飛んで行くので、夢で言われたことを思いだして、そのあとを追って行くと、大きなクマの穴の入口にぶつかった。

穴の中に猟区を支配する親方（牡グマ）がいて、大声をだして出てきたが、いよいよ腹がへってふらふらしながらも、弓に矢をつがえて
「猟区《イオロ》を手配《コル》する親方《ニシパ》、どうかお客になって遊びに来て下さい」

といって矢をはなすと、牡グマはその矢を背負って（矢にあたって）、一跳ね二跳ね跳ねて、神の坐る座の上にどっかりと坐った（矢毒にあたってたおれた）。

そうして猟区を支配する親方は、私の部落にお客になってやってきてくれたんだよ、昔、そういうこともあったものだ、と或る人が物語った。

（釧路鶴居村下雪裡・八重九郎老伝承）

㊟　エゾフクロウは古くからクマの行動を知らせる神と信じられ、たしかにこの鳥が夜啼いて行く方に実際にクマがいるので、獲物を出してくれる神（イソサンケカムイ）といわれている。

あほうどり物語

昔、私の故郷の日高地方が、夏になってもシカの姿がなく、冬が近くなってもサケののぼらない年がつづいた。

私は母と二人で暮していたが、食糧が乏しく困っていると、母は、「釧路や十勝の方は漁がよいという話だから行ってみてはどうか」といわれたので、私は独り東の方へ旅に出かけ、釧路で大変人のよい酋長の家に働くことになり、秋の間一生懸命働いて、乾魚や乾肉をどっさりもらって帰ることになった。

そのとき酋長が、

「お前さんの故郷では、流行病がはやって一人残らず死んだという話だが、もし行ってみて本当だったらまた帰っておいで……」といってくれた。

私は荷物を背負って、日高へ向って帰って来る途中、襟裳岬をまわったところの海岸で、一羽の見たことのない鳥の死んでいるのを見つけたので、何鳥か知らないが大きな鳥だから持って帰ってきたら、食糧のたしになるだろうと荷物の上にあげて帰って来た。

もう故郷が近くなったので、大きな倒れ木の上に腰をおろして休んでいると、自分達の村《コタン》の方から数知れない見なれない鳥が、真黒く群をして飛んで来るのが見えたが、その鳥達が私の休んでいる近くの木に来て止ると、どうしたことか、誰も何もしないのに、何かで叩かれでもしたように、バタバタと落ちて死んでしまった。

するとその鳥の群のなかの、特別大きな鳥が一羽私の頭の上に来て、パサパサ羽音をさせながら飛んでいたが、その羽音が、何かものを言っているように聞えるので、耳をすまして聞いていると、

「お前は心持ちがよくて、飢饉に苦しむ母親のために、独りで遠くまで食糧を探しに行って来たというが、私は流行病の神で、実は今お前の村《コタン》を全滅させて来て、これから隣村に行こうとしてこまで来たが、お前の背負っている鳥のためにやられて、おれの仲間が皆死んでしまった。だから、お前の背負って来た鳥を何処かへ捨ててくれ」

そう言っているようだった。だが私は、病気の神のいうことだと思って、言うことをきかずに拾った鳥を投げなかった。

そして段々村に近寄ってみると、私の村のどこの家からも煙があがっておらず、母のいる私の家からも煙がでていないので、やはり病気の神のいう通り、私の村の者は、母までも全部死に絶えた

ということがわかったので、村には入らず、

「私が釧路からもらって来たものを全部あげるから、どうか皆あの世へ行ってくれ」

といって背負って来た魚を部落《コタン》の方へばらまき、釧路の酋長の言われたことを思い出し、また釧路に戻って行って、酋長にその話をすると、

「お前の拾ったその鳥は病気除けの神様にちがいないから、頭を大事に祭ろう」

といって、それを綺麗な削りかけで包んで守神にした。すると夢の中に神様が現われて、

「私はお前を助けるために、死んでいて、お前に背負われて行って病気の神をやっつけたのだ。それがわかってもらって祭ってもらって有難かった。これからも何かあったら酒の粕の水でもあげてくれたら、お前たちを守ってあげるから……」といってくれた。

それから私の附近の人達は、この鳥の頭を大事にすると病気が流行って来ても助かるということがわかった。


（日高沙流郡二風谷の伝承）

鶴の薬

或るところの狩人が、川を伝って山にのぼって行ったら、木の上で変な声がしたがただの鳥だと思って、気にもとめないで通り過ぎて行くと、高い木の上にツルがいて、雛鳥が十羽ほどが巣から

首を出して下を見ていた。

親鳥は狩人に、雛鳥をとられるんでないかと、急に飛びたって狩人に襲いかかって来て、背中や頭をめった突きに突かれて、気を失ってわからなくなった。しばらくして夕方になり、気がついてやっと起きあがり、

「私はクマやシカがほしくて来たので、お前達などを獲るために来たのではない、それなのにこんなに片端になるほど怪我をさせるなどとんでもない奴だ、これまでは湿原の神《サロルントノ》といって、大事な神様にしていたが、これからはもう、神様になれないようにしてやるからそう思え」

といって、這うようにして家に戻って来た。

家では帰りがおそいので、皆が集って無事に戻るように神に祈っているところだったので、一部始終を皆に話したので、皆大変おこった。

ところが、その晩狩人が寝ていると、立派な女が窓のところに来て、

「私が思いちがいをして悪かった、それでここに、大変傷によくきく薬を持って来たから、これで治療してください、これをつけると傷は直ぐに癒るから、どうか私をゆるして下さい、そしてこれから私を祭ってくれたら、あんたを、何処にもない立派な人間にしてあげるし、祭のときに木幣《イナウ》と酒を少しでもあげてくれたら孫子の代までよくしてあげるから……」

といった。狩人がその薬を傷につけてみると、本当に二、三日で、何処が悪かったかわからない

ほど癒ってしまったので、また狩に山を歩くようになり、それから猟運にも恵まれよい暮しをするようになった。

と一人のお爺さんが話して死んだ。


（日高平取町貫気別・木村コヌマタン姥伝承）

白鳥になった娘

私の恋人が戦争に出かけて行ったので、その恋人のことばかり心配して泣き暮していた。そして「もし鳥であったら戦場へでも何処へでも行けるものを……」と思っていたが、或る日睡りから覚めてみると白鳥になっていた。

喜んで大空に舞いあがり戦場を探して飛んで行くと、戦場では大勢の人々が入り乱れて戦っていたが、直に恋人を見つけて、その上を飛びまわりながら恋人の名を呼んだが、どうしたことか白鳥の啼き声より出ないのです。恋人の方でも不思議そうに私を見ているので、その肩にとまり、

「私だよ　私だよ」

といって翼で肩を叩くと、恋人は私を抱いてくれて、「何て可愛い白鳥だろう」と私を抱きしめてくれるので、私は身もだえしながら、何とかして人間になりたいと思ったが、どうしても人間になることができなかった。

そのために、自分の思いを恋人にうったえることができず、ただ恋人の顔を見て涙だぐみ、

「私なんだよ、私なんだよ、もしも人間になって、私の気持を伝えられたら、部落《コタン》に帰ってあなたの帰りを待っているのに、どうしても人間に戻れないこのもどかしさよ、悲しさよ、もうこのままで、あなたとは永久に連添うことができないだろう」

と嘆きながら空高く飛び去った。と娘が歌った。


（釧路白糠町和天別・相戸モンレマッ姥伝承）

ワシの妹

小歌棄人《ポノオタスツウンクル》が一人で暮らしていた。

するとある日、窓の外に小鳥たちが集まって、やかましくしゃべり合っているので、何をうるさく騒《さわ》いでいるのかと、聞き耳をたててみると、話し声が次第に大きくなり、聞こえてくるのは、

「人間の近くの酋長、遠くの酋長ばかりでなく、神さまの子供や弟たちまでが出かけていくのだが、シュリの家の酒盛りのあとの、余興《よきよう》の相撲では、だれがかかってもシュリの妹のために、釜のように煮えたつ岩穴に投げこまれて、みな身体が溶けて殺されるのだ」

ということを言っているのだった。

それを聞いて小歌棄人は、ムカムカと腹を立て、シュリのところに出かけることにした。途中ま

で行くと一人の娘に出会った。その娘が小歌棄人に言うのには、
「あんたはこれから、シュリのところに行くつもりだろうが、尋常《じんじよう》ではとても勝てる相手ではない。だからわたしをあんたの妹だということにして連れて行き、女は女同士で相撲をとらせると言いなさい。わたしなら、必ず勝ってみせる自信があるから」そう言って女は、小歌棄人と一緒にシュリ親方《ニシパ》のところに行った。

シュリのところでは、何日も何日も酒盛りが続いたあとで、岩山の上のむしろを敷きつめた相撲場に行くと、偉い親方たちが星のように居並《いなら》んで、これから始まろうとする相撲を待っていた。

やがて女同士の組み打ちになると、岩山がその組み打ちの激しさに、グラグラとゆれ動き、どちらかが相手をつかんで岩の谷間に投げつけると、下は熱泉の穴がぐら〳〵と煮えたつ口をあけている。然し途中まで行くとヒラリと身体をひるがえして、もとの岩の上に立ちあがる。

それにまた飛びついて渾身《こんしん》の力をこめて締めつけると、口からも鼻からも、筋子《すじこ》のような血がぶつぶつと噴き出す。それをまた谷間に投げおろすと、また下まで行かないうちにとんぼ返りをして岩の上に立った。

何度もそれを繰りかえすうち、小歌棄人の妹と名乗る娘のほうも、何度か血を吐いたが、次第にシュリの妹のほうが弱まり、ついに熱泉の煮えたぎっている穴の中に投げ込まれ、一筋の白い煙になって消えてしまった。

それを見ていたシュリ殿《との》が、ガツガツと嘴《くちばし》をならして怒り、

「これはおまえの妹なんかではあるまい。そうでなければこんな強いはずがない」と小歌棄人に議論《チャランケ》をしかけ、六日六晩も眠らずに、言い争いを続けたが、

「これまで多くの神々をあやめ、大事な親方たちまでも殺しておいて、何を言うか」

と激しく詰め寄ったので、ついにシュリもことばに詰まり、この論争《チャランケ》は小歌棄人の勝に決まった。

こうして帰ってくる途中、娘が言うのには、

「わたしはただの人間ではなくて、大ワシの娘なのです。あなたがシュリのところに行っても勝てる見込みがないので、わたしに行って手伝いをしろと、親に言い付けられてきたのです。だからもしこれから神々に上げるために酒を作ったら、少しでもよいからわたしたちにも上げるようにしてください」

と言って別れていった。


（釧路鶴居村下雪裡・八重九郎老伝承）

㊟　シュリというのは普通フリーという巨鳥で、片翼が七里もあって、これが飛んでくると翼の陰であたりが暗くなり、人間でもシカでもさらわれてしまうという、伝説上の巨鳥である。北海道には時に大陸の方から、ハゲワシが迷鳥として渡ってくることがあるので、ハゲワシではないかともいわれている。

小歌棄人は道東地方の英雄で、歌棄とはアイヌ語でオタ・スッ（砂浜と草原の境の意で、海浜の家のあるあたり）で、歌棄人とは海浜生活者の代表者ということである。

ワシはフクロウなどと共に大事な鳥として、家で養ったり、それを神送りにすることがあった。

魚の話

世界はアメマスの上につくられた

国造神《コタンカラカムイ》が天から世界を創るのにおりてきた。

「さてさて、どこさ陸をつくるべ?」

どっちみてもどろどろの泥海で、手のつけられそうもない。「こまったわい」と、あっちこっち歩いて探してたら、あった。あった。

「ここならよいわイ」

独り言をいいながら島つくりをはじめた。島ができあがったので国造神はさっさと天に帰ってしまった。ところがたいへんな失敗をやらかしていたのだ。国造神が泥海の中のかたいところだと思って島をつくったところは、実は大きなアメマスの背中の上だった。アメマスがうっかり睡っているうちに、どっしりと島を背負わせられてしまったのだ。

アメマスはすっかりおこって、大あばれをやるので、地震《シリシモイ》が起こった。国造神も失敗したのに、すっかりこまってしまって、アメマスを押えるために二柱の神さまを地上におろして、アメマスの右と左とに一人ずつ置いて、魚があばれないように押さえさした。ところが神様の方も、魚を押さえてばかりいるので、腹へってやりきれない。

「おい相棒、ちょっと押えていてくれ、俺まんま食うから」

一方が食事をしていると、その隙をみてアメマスがガバガバとあばれる、そうすると大地震になる。それで神様は腹へったときも片手で魚を押さえつけて、泥だらけの片手で食べ物を口に運ぶよりない。でもそんなときを狙ってはアメマスはあばれる。それでこの世からはなかなか地震がなくならないのだ。

こいつがまたときどき海の水を呑んだり、吐きだしたりする。海の水が干潮になるのは、アメマス奴が大口あけて水を呑むからで、満潮になるのは水を吐きだしたときだ。

身体の具合いがよくなくて、機嫌が悪いと、ガップリと大口をあけて水を呑んで、ゲーッと吐きだしたりすると大変だ、大津波が起きて部落《コタン》でも何でもさらって行ってしまう。

それでアメマスのことをモシリエッケウチェプ（島の腰骨の魚）というのだ。

（日高平取町二風谷・二谷ニスクレックル老伝承）

フグとカジカとカレイ

ある日ナ。フグのエマクチェプが目をつぶって、腹ばふくらまして、炉の中の焚火を吹いていた。なんぼふいても生ま木だから、ぶっすら、ぶっすらいぶってばっかりいて、口とんがらがして吹いていても、白い灰がとぶばかりでもえつかない。

「やっや、きもやけるな、ほんとに…」

吹いて、吹いて、フグの腹が、だんだん大っきく、ふくらがってきた。そばで見ていたカジカのサマイトウが、それがおかしいといって、大きな口あけてころげまわって笑った。

そしたら、おすましやのカレイのタンタカが、目ば、パチパチ、パチパチやって、カジカに笑うな、笑うなとやった。

それでフグの腹は、今も腹がぶっくらふくれたまんま、もとさ戻らなくなったし、笑ったカジカは罰あたって、口があんなにでっかくなり、そしてほれ、あのカレイの目はあんまりぱっちらめかしたので、片方へ寄ってしまったんだとよ。


（釧路弟子屈町屈斜路・弟子カムイマ老伝承）

ウグイとニシンの競争

ウグイがニシンにいった。

「どうだ、川ばのぼる競争しないか」

「よかべ」

ウグイが尻尾ふって、川上にぶっぱしった。ニシンも頭ふって泳いだ。

ウグイは川泳ぎうまいもんだから、先きになった。ニシンきもやいて、うしろから弓でウグイばぶった。またぶった。その矢がみんなウグイの尻尾にささったので、ウグイの尻尾には骨が多いんだ。

ウグイきもやいて、川上からニシンさむかって弓ぶった。うんとぶった。それみんなニシンの頭さささった。それでニシンの頭に骨多くなったんだ、と。

（十勝広尾町野塚・広尾叉吉老伝承）

マンボウは化物だった

偉いポイヤウンペが、妹と一緒にいた。

そしたらおっかない化け物が、六匹もでてきて妹ばさらってしまった。

ポイヤウンペは黙って坐っていて、世界の隅から隅まで見える力あるから、

「畜生奴、どこさ妹かくしたべ」とにらんだので、直きにめっかった。

それで後をぼっかけていって、化け物の首をすぽん、すぽんと切ってしまった。五匹まで退治してしまったが、一番小ちゃこい野郎、なかなかすばしこくてつかめない。それでも妹ば取り戻したので、

「あったら野郎の一匹くらい、ぶっとばして置いたって、たいしたことなかべ、そのうちつかま

えてぶっつぶしてやるから」

　そういいながら、妹ばつれて山の中の沼のふちまできて、少し疲れたので沼ぶちの岩さ腰かけて、煙草ふかしていた。そしたら何だか腰かけていた岩がくにゃと動いて、タラ、タラッと水たらしはじめた。

　たまげて岩ばひっくり返して見たら、なんとさっき逃がした、ちっちゃこい化け物の野郎、岩に化けていたのだった。

「この餓鬼わらし奴！」

　ポイヤウンペは刀ぬいて、切った、切った。細かく切って、沼の中へぶっとばしてしまった。そいつが沼から川へでて、水にながされて海さ出てしまった。海さでて塩水につかったら、化け物もやっぱりはしたもんでない。きょろきょろと目玉がつき、ちっちゃこい鰭《テツビ》が生え、それ、革大鼓みたいなキナンボになった。

　あいつは化け物の切り屑だから、死んでからでも目玉きょろきょろ動かしているもんだ。あれは獲っても、油と肉だけとって、あとは海の中さ流してやるんだ。「もっと仲間つれて来い」ってな。

（胆振虻田町・遠島タネランケ媼伝承）

アワビとクラゲ

アワビはずるいもんだ。

クラゲが留守の間に、クラゲのおっかちゃんにちょっかいかけた。クラゲおこって大談判《ウコチヤランケ》になった。なんといっても他人のカカとったのは言いわけがたたない。

「宝物出してクラゲさあやまれ」

海中の者にいじめられたアワビの野郎、宝物もないし、きもやけるので、いきなりクラゲをぶんなぐって、丘にあがってにげてしまった。

ぶんなぐられたクラゲは可哀想に、体がぐにゃぐにゃになって、海の上をふらふらするようになってしまった。

アワビはおっかないもんだから、クラゲのいるような海にはいないんだとよ。


（胆振虻田町・遠島タネランケ媼伝承）

カジカ

カジカってやつは海や川ばかりでなく、どこにもいるもんだ。

土の底にもいるし、夜の天の川にも棲んでいる。あいつはなんでも食うんだ。川の石まで呑むことがあるが、魚なら何でもかんでも、おかまいなしに呑んでしまう。天の川にいる奴は毎日カラスばかり食っているんだ。餌のカラスがなくなると、野郎おこってあばれるんだ。そうすると大地震になる。

土の中の大カジカはモシリコロエッケウチェブ（島を支配する腰骨魚）といって、こいつも動くと大地震になる。だから地震がおきたら、火箸を炉の中に突きさして、

「こら！あんまりあばれると腰にささるぞ」

というと、おとなしくなるんだ。

（胆振虻田町・遠島タネランケ媪伝承）

クマをおどかすウナギ

まだ、アエオイナ神《カムイ》（アイヌの文化神）がこの世にいたころだ。

人間は川に真黒くなるほどもりあがる魚をとって、とてもとても楽にくらしていた。ところが山の奥からクマが出て来て、人間のとるべと思っていた魚をかたっぱしから勝手につかまえて、ガリガリと食ってしまうので、だんだん人間の食い物がたりなくなってきた。人間がおこってアエオイナ神のところへ訴えた。

「クマの野郎にみんなとられて、俺たち生きて行けない。なんとかして下さい」

神様笑った。

「そんな無理いうな、魚はお前たちばかりのものでないんだ。初めからお前たちと獣の食物として川さ放したんだ。だからクマにとるなとはいえないものだ。だが何とか一つ考えてみるべ」

神様、首ひねって考えたが、うまい考えうかばない。

「さてどうするべ、人間も可哀そうには可哀そうだ」

髭《ひげ》をひっぱり考えた。

「そうだ、そうだ、それがいい、それよりない」

神様何か思いつき決心をした。そして草をむしって、細長くよってそれを川の中にそろそろ入れた。すると忽ちそれがウナギになって、にょろにょろと泳ぎ出したので、アエオイナカムイはくすりと笑った。

「クマの野郎、ヘビだと思ってびっくりこくぞ」

クマは世の中でヘビほど嫌いなものがないからだ。

山の奥からのこのこ出てきたクマが、サケの頭ぶんなぐるべと思って川をのぞいたら、ウナギが、にょろにょろと泳いでいるので、びっくりして後脚でたちあがり、鼻をとんがらして山さ逃げ帰った。

それからまた人間が、サケをたくさんとれるようになった、とよ。

（胆振元室蘭・室村三太郎老伝承）

山をひっこ抜いた魚

昔々、あんまり昔で、誰も数えたことのないくらいの昔だ。

ずっと北の方の、夜と昼の境のあたりに大きな沼があって、そこに大きなアメマスが住んでいた。その大きいこと大きいこと、沼一ぱいになるほど大きいアメマスで、頭が沼のかみてに岩のようにつき出ているのに、尻尾は沼のしもでざわざわと波をたて、腹の鰭が沼底の石にすれているのに、背鰭が船の帆の何十倍も大きく、水の上につきでていた。

アイヌたちが沼に魚を獲りに行ったり、沼を舟で渡ろうとすると、ガポッと音がしたかと思うと、人間も舟も一呑みにされてしまう。おそろしいので舟の底を黒く焼いて、それでこっそり渡ると、アメマスは空の雲の影が水にうつっていると思って、ぼんやりしている。

山の神様たちも心配して、なんとかこの大アメマスの退治をして、人間が安心して住めるようにしたいと、出かけて見るが、どれもこれも、大アメマスの尻尾ではねとばされたり、鰓蓋の間にはさまれたりして、かたわにされたり、殺されたりして、その屍骸が、沼の岸に流木のように寄りあがっている。

天上からそれを見ていた神様は大変心配して
「このままでは神様までが皆死んでしまって、世界を守ることができなくなる。何とかしなければならないが、さてどうしたことか」

いろいろと考えた末に、人間の中で一番力と知恵のある、オタスツウンクルより他にないと思い、夢でオタスツウンクルに知らせた。

英雄オタスツウンクルは、さっそく身仕度をして、銛を持ち、雲にかくれた六つの山を越し、氷の流れる六つの大川を渡り、海のような笹原を過ぎてアメマスのいる沼に出かけた。見ると気味悪い沼の底に、満月のように光るものが見える。それがアメマスの目玉だとわかったオタスツウンクルは、力いっぱい銛を投げつけた。あたりは急に物凄い大あらしになった。

アメマスがあばれると、さすがのオタスツウンクルもずるずると沼に曳きずり込まれ、オタスツウンクルがぐっと腰をすえて、足に力を入れると、弓なりになったアメマスが、岸に引きよせられる。こうして夏冬六年も闘って、とうとうアメマスが弱ったので、銛の綱を傍の小山にしばりつけ、やれやれとオタスツウンクルが一休みしていると、最後の力をこめてアメマスがあばれたので、山がガバガバと沼の中に曳きずり込まれてしまい、弱ったアメマスは、その下になって動かれなくなった。今でも時々地震のあるのは、そのアメマスがまだ死にきらずに、あばれるからかもしれない。


（釧路弟子屈町屈斜路・弟子オコイマ老伝承）

川貝のてがら

昔、雷さんが天から落ちた。そして足の指を切ってしまった。その爪が川の中に落ちて川貝になった。川のものならなんでも食うクマが、川貝だけは食わないのは、それが雷さんの爪だからだ。

その川貝がウサギと一緒に住んでいたことがあった。そのウサギがどこかへ行って帰ってこなくなった。

「さて、どこさ行ってしまったんだべ」

川貝が心配して捜しに行ったら、ずっとずっと遠くへ来て、ウサギの野郎ががりもり、がりもりと、島の根っこを噛っているんだから川貝はびっくりこいて、

「この野郎とんでもない野郎だ、だまっておいたら島が噛り倒されて、俺達神さまたちも、死んでしまわなければなんない」と考えて、いきなりウサギの尻尾さ噛じりついた。びっくりこいたウサギは、島の根っこ噛じるのやめて跳ね上がった。それで島がひっくり返らないですんだ。ウサギの尻尾の短かいのは貝に噛みきられたからだ。

（十勝帯広市伏古・鈴木庄太郎老伝承）

マスの子孫

あるところに独り者がいた。

魚をとるのに川をのぼって行くと、一人の女がフキをとって食べていた。男に姿を見られた女は、急に川に飛び込んで大きなマスになって、川下におよぎくだった。男はそれを追いかけて川の浅いところで褌をはずし、大股を広げて川をふさいだので、大マスは逃れなくなって、仕方なくまた陸にあがって女の姿になり、

「私は大マスの一人娘で、親の言いつけでフキをとっていたところ、あんたに見つかってしまったが、褌をはずされたので、もう魚の姿になることができなくなってしまったから、あんたの飯炊きにでもさして下さい」

といってこの男の家内になり子供も生んだ。それでその子孫の人はよくクマにねらわれるのだと。

（胆振登別市幌別・板久孫吉老伝承）

シシャモ物語

一番上の天にいる、雷神の妹が退屈して、シシリムカ（沙流川）の水源にある、神山に降りてあたりを見ていると、川下の部落《コタン》の何処からも炊煙がのぼっていない、よくよく様子を見ると人間達が、ひそひそと話をしているのが聞えて、人間達に食物がなくなって困っているのに、神様たちが気付かないでいることがわかった。

それで雷神の妹が天上に向って「フッホー」と、危急を知らせる大声をあげた。その叫び声が上天の神の国である、ススランペッ（柳をおろす川の意）に達したので、神の国ではびっくりして、一番足の早いフクロウの女神が、柳の枝を杖にして、生物になる魂を背負って羽音も高く天降って来たが、さてそれをどの川に流そうかと神々と相談したところ、沙流川《シシリムカ》は水がきれいだが男川で流れが荒いから、女川の鵡川におろした方がよいだろうというので、フクロウが杖にしてきた柳の枝の葉と、魂とを一緒に鵡川に流し、それの管理を沖の老神にまかし、川口の神と入江の神にも言いつけて支配させ、人間にも夢でそのことを知らせたので、部落の人達は飢餓から救われた。

一方上天の神々が見ていると、どうも魚の数がおろした数より少ないので、雷神に言いつけてしらべさせたところ、フクロウの女神が天からおりたとき、その飛び方があまりに早いため、柳の枝の半分が風にあおられて、途中八雲の遊楽部川におちたが、魂がないために、それがくさりかけていることがわかったので、雷神が遊楽部川の川の神に言いつけて、急いで神の魂《カムイラマツ》を入れたので、この川にも柳葉魚が入るようになった。

（胆振鵡川町汐見・新井田勝雄老伝承）

シシャモはアイヌ語でシュシュハムで柳の葉の意、形が柳の葉に似ているところからこう呼ばれたもので、秋十一月はじめに群をなして太平洋岸の遊楽部川、鵡川、十勝川、釧路川など特定の川によりのぼらないので、こうした説話が生れたと思われる。雷神がこれに関係しているのは、この魚が海から川に入る頃に、沖合で雷がなるからであり、フクロウの女神が柳の枝をかついで舞いおりるということも、昔は、この魚ののぼる頃フクロウが川に集ったからである。

シリカップ物語

波の上に私が浮いて、凪をもつ魚になっていると、文化神のオキクルミとサマユンクルとが二人で、舟に乗って来て私に銛を投げてよこしたので、簡単に死ぬのもいやなので、手でそれを受けて、二つの海三つの海を銛を手に持って走りはじめた。

そうするとオキクルミとサマユンクルは、舟の縁にこごみこごみ身を伏せるが、尚も二つの海三つの海を走って走っていると、サマユンクルの掌には二つの血豆、三つの血豆ができ、すっかり疲れ果た様子が顔に出た。するとオキクルミが怒った顔色を表面に現わし、私を罵って言うのには、「このくされシリカップよ、お前は根性悪だが、私のいうことをよくきけよ、もしもお前がおとなしく人間のところへ神として行けば、木幣《イナウ》の山、餅の山、それがお前のところに全部集るだろうに。あまりお前の性根が悪いから、これから私のいうことをよくきけ、これからシシリムカ（沙流川）の川口にお前が寄り揚ったら、鉄の柄はシュリでできており、鉄先《キテ》の刃は骨でできているから、お前の腹の中で骨を削る音がするだろう、柄についた縄は科皮だから、お前の身体の上に科が生えるだろうし、科皮の綱尻はイラクサだから、お前の身体の上にはイラクサも生えるだろう。お前がそうしているところへ山から来たカラスがつつきつつき食い、ひっかきひっかき食いするだろう、またそこへ山から出て来る犬も、ガリガリむしり食いするだろう。そしてお前の上へ小便をし糞をするだろう。カラスもお前の上に白い糞をかけてゆくだろう。人間のところへお前が神として来たら、丁寧に祭られるであろうに、お前の根性が曲っているのだから、今私の言った通りになるであろう」

といって手に持っていた綱をブッツリ切って、「このくされシリカップ！」といいながら行ってしまった。

そこで私は「たかが人間くらいの言ったことなど本当にあってたまるか」とせせら笑いながら、波の上で私は方向を変えて、ゆっくり笑いながら泳いでいるうちに、自身でも何が何だかわからなくなり、自分の考えの表が裏になり、裏の考えが表になるというような、全くわけがわからなくなり、進むこともできなくなり、そうしているうちによく見たら、本当に海の芥と一緒にシシリムカの川口に寄せられていると、山から来たカラスが啄き食い、ひかき食いし、山から来た犬は牙でガリガリ引き裂き食いし、その上に小便と糞をたれながし、そうしているうちに身体の中で骨を削られる音がし、そのやかましい音をききながらいると、オキクルミとサマユンクルが来て、

「ホー、お前のザマのよいことよ、お前の根性が悪かったから、お前の上へ皆が糞をたれたり小便をかけたり、それでお前自身のざまをほめることになるだろうよ、お前は土と一緒にくさってたのしい思いでいるだろうよ」

といって二人は去って行った。

とシリカップ（かじきまぐろ）が自分で自分のことを物語った。

（日高平取町二風谷・貝沢ミサオ女伝承・萱野茂訳）

鯱《シャチ》に見込まれた女

或る村の若い猟師が嫁をもらったが、狩にばかり熱心で、さっぱり嫁さんのことをかまってくれないので、嫁さんはきっと夫には何か、別に大切にかくして持っているものがあるんではないかと思って、夫が狩に行っている間に、夫が大切なものを入れてある箱をこっそり開いてみると、箱の中にはもう一つの箱が入っているので、それを開けて見るとまた小さな箱が入っていた。その箱を

開いてみると、小さな金の亀と銀の亀が入っていたので、銀の亀を厚司《アッシ》の布地で包んで男便所の中に捨ててしまった。

狩に行った夫は途中まで行くと、何か胸騒ぎがするので、そのまま家に帰ってみると、大事な箱の中が荒されているので、お嫁さんを散々になぐり、半殺しにし気絶したのを遠い方の芥捨場に投げてしまった。しばらくたって正気づいてみると、自分はあさましい姿をして血の中に浮んでいたので、今更行くところもないので、何処かへ行って死んでしまおうと、日が暮れてから村の後うしろを通って、村はずれまで這って行き、昔子供のない老夫婦が住んでいた、半分つぶれた家の中に入り、何も飲みと食べもしないでいたが、仲々死ぬことができないので、何とか助かる方法はないかとあたりを見ると、老人夫婦の使った鍋が見つかったので、それに水を入れて火にかけ、ミズキを伐ってきて女用の小刀を懐から出してその皮を削って鍋に入れて煎じ、それを湿布にすると浅い傷は直に癒ったが、深い傷は容易に癒らなかった。

或る朝、窓のところを見ると鯨の脂肉がお膳に入れてあり、お椀には混飯《レタシケプ》も入れてあった。「きっと夫が心配して持って来てくれたのだろう」と思って、おしいただいて食べた。

そのうちどこからともなく、夫が他の村からあらたに綺麗な嫁をもらったという話が耳に入ってきた。「何という情ないことをした、自分の心が悪いばっかりに立派な夫の傍にもいれないで、こんな情ない姿になってしまった」と後悔していた。

女は刺繍が上手だったが、今は布も糸もないので浜に行って、砂の上に模様を描いたりして自らを慰めていた。

すると或る日、急に沖の方から大きな音がして、何神かわからないが浜にあがってきたと思うと、いきなり女をさらって海に飛び込んでしまった。やがて立派な家に連れて行かれたので見ると、そこには神のような老人と娘がいた。

女はわけがわからず泣いていると、神のような老人の言うには

「私達は天から降ろされて沖を守る神にされた、レブンカムイ（沖の神の意で鯱のこと）であるが、私の息子が碌でなしで、人間の家内《カッケマッ》であるあんたの心をそそのかして悪い心にし、私の親の代にあんたの夫のところへやった宝物の銀の亀を、あんたに粗末にさせたため、危くあんたは夫に殺されそうになったのだ。それだのに莫迦息子はまだあんたでなければならないといって、夜も昼もあんたのことばかり思っている。そのためあんたの夫から息子も私も談判《チャランケ》をつけられ、息子は物も食べないで寝てばかりいる。あんたのところへ食物を届けたのは、実は私の娘の炊いたもので、それであんたの生命をつないできた。これはすべてあんたの知らないことだが、私の息子の悪いばかりにあんたの夫にも償に宝物を出したけれども、夫はあんたの刺繍した着物をきなければ、どうしてもそれを受け取れないことになっている。これから娘にあんたを送らせて陸に返すから、夫のところに別な女が来ているがそれは妾で、あんたはどこまでも本妻だから、お土産に盃《ドキ》や耳環《ニンカリ》をあげるか

ら、帰ったら夫に立派な着物をつくってやって下さい」

そういうと娘に送られて元の浜にあげられた。小袖を着て前の家に帰っていると、夫の妾が食べものをつくって持って来て食べさせ、「どうか今夜のうちに寝ないで着物をつくって下さい。妾《わたし》は夫にこのまれてないのだから、是非そうして下さい」といって、布地や厚司《アツシ》を持って来たので、その晩寝ないで朝までかからずに着物をつくりあげてたたんでおいた。

朝になって妾がまた食べ物を持って、昨夜の食べものを入れた鍋を取りがてら、

「もう何もしないから夫のところへ帰って下さい」

といって迎えにきた。

そこでつくった着物を持って帰って行き、戸口のところまで行くと、夫が笑顔を見せながら、

「入れ」というので、夫の傍に行って坐り、家の横座には沖の神から送られた宝物がどっさりあったので、それを家の中や庫の中に入れ、酒と木幣をつくって神に祈りをしたと。

（胆振虻田町・遠島タネランケ姥伝承）

虫の話

人間の子供を育てたセミ

山の中に老人《エカシ》と子供《ヘカチ》とがくらしていた。

老人はいつも寝てばかりいて、狩りにも行かないが、どうして食べ物を見つけてくるのか、なんとか不自由なく暮していた。

ある日老人は、子供を自分の寝ているところへ呼んで、

「もうお前も、着物の前をひろげて坐れないくらいになった。（少年期に入って陰毛が生えはじめるので、人前で着物の前をひろげて坐れないということ）一人で山に行って、何か食べ物を採っておいで」

といって、枕もとに置いてあった、一挺の鉈《なた》を渡してくれた。子供はそれを持って、すぐに山に行き、どのくらい切れるか試してやれと、さっと大木の幹に鉈を打ち込むと、大木は一振りでめりめりと倒れた。

「これはとてもよく伐れる」

少年は目をかがやかして、鉈を見つめていると、急に大クマが現われて子供につかみかかってきた。

びっくりした子供は鼻を押えて（びっくりしたとき、鼻を押えないと、魂が飛び出るかもしれないからである）夢中で鉈を振り回わすと、大クマはばったり倒れてしまった。

子供は喜んで家にはせ帰って、老人にそのことを知らせると、むっくり起き上がった老人は、クマのたおれたところにきて、うやうやしく手を揚げおろして礼拝《オンガメ》し、子供に向って
「俺のやることをよく見て忘れるな、クマの皮の剝ぎ方を教えるから」

老人はクマの皮を剝いで、それを家に持って帰って、神窓《カムイピアラ》（神々だけが出入りする窓）から家に入れ、どっさりと肉を食べてねた。翌朝子供が目をさますと、老人はクマの生皮を着て泣きながら寝ている。子供がどうしたのかとわけをきくと、

「お前はもと偉い酋長《オッテナ》の子供だ。お前の両親は魔物につかまってどこかへつれて行かれたので、可哀想に思って私がお前を養なってきたが、本当は私はセミなんだ」

そういい終わると老人は、たちまち一匹のセミになって、天窓から空に舞い上って行った。

子供は不思議に思いながら、セミの老人のいった言葉を忘れずに、それからも何頭もクマをとる狩りの名人になり、成長して妻子をもってからも、セミの老人に育てられた恩を思って、クマをとって酒をあげるときには、かならずセミにも酒をあげるものだと、子供たちにもそれを伝えた。

（十勝本別町チエトイ・清川ネウサルモン媼伝承）

意地悪いセミ老人

とても魚の沢山とれるホリ場（魚の産卵場）があったので、遠くから近くから、年よりも若い者も、たくさん魚をとりに集まってきた。

ところがいつのまにか、その川岸に小さな小舎ができて、そこは見たこともない老人《チャチャ》が一人頑張っていて、誰が来ても文句《チャランケ》をつけて、一尾の魚もとらせない。

「ここは俺の漁場《イチャン》だ、宝物《エコロ》でも持ってきたか」

といってぎょろりとにらむので、みんなこまってしまった。

そこで英雄ポノオタスツウンクル（小歌棄人）が、舟に乗って川をのぼっていった。真白い髭《ひげ》の老人が坐っていて、あがってこいというから、舟を繋いであがって行くと、

「どうして俺のホリ場さ魚とりにきた」

と文句をつけたので、チャランケではいけないと思って、薪をとってどんどん火を焚いたので、家の中が燃えるほど暑くなったので、たまらなくなった老人はセミの姿になると、「ヤーキーヤーキー」とないて逃げて行った。

（釧路鶴居村下雪裡・八重九郎老伝承）

クモの神

或るところに一人の娘がいた。一人の兄がそれを大事に大事に育てていた。兄は毎日山に行って、シカやクマをとってきて娘を養っていたが、山に行くときには他の者が入られないようにと、しっかりと戸締りをして行くというほど気を配り、可愛がっていた。

この娘は将来シヌタプカウンニシパ（シヌタプカの親方）という、偉い人の嫁になることにきまっていたから、もしも嫁にやらないうちに、間違いでもあってはと兄は心配しながらも、布や糸を娘に与えて、女として大事な刺繡や縫いものに余念ないようにしていた。

やがて嫁に行く年頃になったので、許婚のシヌタプカウンニシパのところに行く用意をするように言ったが、娘はどうしたことかあまり気が進まないらしく、どうしても行くとは言わず、兄に問いつめられると、

「自分でも分らないのに、お腹が大きくなってしまった」というのだった。

ひどく腹をたてた兄は、娘を半殺しになるほど折檻して、気絶した娘を芥捨場に投げて置いた。気がついて泣き泣き家に戻ってくると、また折檻して投げ出してしまわれるので、

「こんなにして殺されるのなら、どこかに行って自分一人で死のう」娘はそう思って、誰もいない山奥に行って、枯れた萱を集めて身体だけ入る囲いをつくり、食べ物もないのであたりを見ると、

葉の広い草が一面に生えているので、それを抜いて見たらウバユリだったので、それを焼いて食べてみたらおいしかったので、毎日それを食べて何とか生命をつないでいたが、それにしても誰の子供だか知らないが、子供が生れたらどうして育てようと思いながら、毎日ウバユリを掘って乾していた。

「誰がいったいこんな悪戯をして、あんなに可愛がってくれた兄のところから追い出され、こんな苦しい思いをさせるのだろう。本当に腹がたつ」そう思って娘は泣き泣き暮しているうちに、或る時、急に腹がいたくなって六つの卵を生んだ。

「どうして人間の子供が生れないで、こんな卵なんかが出たのだろう」と思ったが、その卵を抱いてあたためていた。

或る日、山へ焚木をとりに行って帰ってきてみると、家の中に六人のきれいな子供がいて、「お母さん　お母さん」といって抱きついてきた。

それで毎日薪を取ったり、ウバユリを掘ってきたりして、六人の子供を育てていた。子供達はどれも器量よしで利巧者であった。

一方許嫁のシヌタプカウンニシパは、一人の姉に大事に育てられていたが、自分には許嫁があるときかされていた。

或る日、犬や鳥の話をするのを聴いていると、その許婚が誰だかわからない者の子をはらんで、兄のために半殺にされたということがわかって、うつうつとしてたのしまない日を送っていた。

或る日、姉にも何も言わずに独りで山へ行こうとした。姉は「何処へ行くのか」とたずねたが、それにも答えないで山に入っていくと、急に雪がふってきて、目の前が全然見えなくなってしまい、何処をどう歩いているのか見当もつかず、迷って夕方になり、やっと雪がはれてみると、遙かな小沢の中に小さな家が見えたので、そこへ行って、

「エヘン　フ　フ」

と咳払いをすると、一人の女が出てきた。見るとお月さまか、お日さまみたいな綺麗な女だが、髪はいつ切ったかわからないほど伸びて、腰までさがり、毎日泣いてくらしているらしく、涙の流れたあとだけが、顔に白く条になって光って見えた。その腰のまわりに、大勢の子供がワイワイ言いながらつきまとっていた。

わけを話して、その晩そこに泊めてもらうことになり、黙って三人の子供を抱いて寝、女も三人の子供を抱いて寝た。そして次の日山に行って、シカやクマをとってきて女にも子供にも食べさせ、それから毎日山へ狩に行ったが、お互いに不思議に思いながらも、どちらかも何も言わずに暮していたが、シカやクマを食べるときになると、女は何か悲しいことを思い出すらしく、涙を流して泣きながら食べていた。

一月ほどそうした生活をつづけて、シヌタプカウンニシパは姉の家に帰ってみると、姉は弟が死

んだにちがいないと思って心配し、病気になって、今にも死にそうになっていたが、弟の顔を見ると急に元気になり、喜んで弟を迎えたが、弟は何もいわずに姉にアワやヒエをつかし、餅をつくってもらって、それを背負って、また何も言わずに出かけて行き、女に食べさせると、女はまた激しく泣きながらそれを食べた。

不思議なこともあるものだと思って、家の外に天の神の祭壇を六つ、海の神の祭壇を六つたて、夜となく昼となく、神々に談判をし、

「いったいこの女にはらましたのは何神だ、それをあきらかにしなければ、いつまでもいつまでも談判《チャランケ》をするぞ」

と毎日毎日、烈しく談判をしたが、流石に疲れを感じて、或る晩うとうと眠ると、夢の中に小さな神様が現れて、

「人間《アイヌ》というものは偉いものだと聞いていたが、本当におそろしいものだ、私は天にいるクモの神であるが、天上から見ていると、お前の許婚の女が、心も顔も誰よりもきれいなので、こっそりかくれて行ってはらましてしまった。ところがそれを見破られてしまったので、もう女のことはあきらめるが、六人の子供のうち、四人だけは私のところへ連れて来る。あと二人のうち一人はお前達に残すが、もう一人は女の兄が妹のことを心配して、死にそうになっているから、そこへ一人やってほしい」

といった。そしてそれと同じように、女の夢枕にもクモの神が立って、

「本当はお前がほしかったのだが、人間に負けてしまった。私は昔から、誰からも何の木幣《イナウ》ももらえなかったが、これからはお前たちが子供達に祈願《カムイノミ》を教え、私の連れて帰るお前の子供達にも木幣をあげてやってくれ」

といった。

次の日、二人は子供をとられないように、子供を自分達の傍から離さないように見張っていたが、急に天から金色の網がさがってきて、シヌタプカウンニシパの抱いている子供二人、女の抱いている子供二人を、あっと言う間にさらうようにして天に引き上げてしまった。

それで二人は女を育てた兄のところへ行ってみると、妹のことを心配して病気になり、今にも死なんばかりなので、クモの神の言う通り、兄のところへ一人の子供をやった。

クモはそれまで人間から酒も木幣ももらえなかったが、それからはヤウシケプ・カムイ（網をもつ神）といって酒も木幣ももらえるようになった。

（日高静内町・織田キク媼伝承）

クモと風の神

きれいな川岸の、青々とした茨の上に、一匹のクモがそっとおりた。クモは素早く糸を張り、前

脚を天につけ、後脚を地につけて、一本の大きなトドマツに化けて、獲物のくるのを待っていた。

すると川を伝って山の方から、遠い雷のような響きがして、いろいろな神様が山をくだってきた。

そしてトドマツのそばまでくると
「ここは仮小屋つくるによいところだナ」

と話し合いながら、トドマツを柱にして小屋がけをし、その中で一晩中歌ったり踊ったりして、大騒ぎをし、夜がふけると、みんな酔っぱらって眠ってしまった。待っていたクモは天上に伸ばしていた脚と、地につけていた脚を一度にちぢめたので、眠っていた神様たちはみんなクモの網に捕まってしまったが、夜が明けてみると、風の神と小さな神様だけが網から逃げていた。

今でもクモの巣と風の神とは仲の悪いものだ。


（胆振長万部町・尾江徳太郎老伝承）

夫婦を救ったハチの神

とても美しいお嫁さんをもらって、楽しく暮らしていた男がいた。

お嫁さんは働らき者で、毎日耕作《トイタ》に精をだし、夫は山漁が上手で狩運もよく、豊かにくらしていた。

ある日のこと、腰に銀の煙草入れをさげた、目付の悪い男が、突然やってきた。家にとめていろいろ話をすると、神様の話は一つもせず、化物の話ばかりするし、お嫁さんが畑に稼ぎに行くと、その後をじっと変な目で見ているので、気持の悪い男だと思っていた。

「どうだ、今日は一つ山へ狩《マタギ》りに行ってみないか」

と男を誘うと、男は喜んで山に行く身支度をしてついてきた。夫は男を山奥の、嶮しい崖の上に連れて行って、中から恐しい音のしている穴を見せ、

「あの中のものを捕りにきたのだ」

それをきくと男は、さっそく着ていた白小袖を脱ぎ、それに銀の煙草入れを包んで置き、刀を口に咥えて穴の中に入って行った。

すると穴の中からは神様が争うようなおそろしい音がしたので、夫は男の置いていった煙草入れを包んだ、白小袖を持って家に帰り、大事にしまっておいたが、男はそれきり帰ってこなかった。

するとまたある日のこと、先きの男と同じように白小袖を着て、銀の煙草入れをもった男が二人入ってきた。お嫁さんは気持ちわるく思ったが家に入れた。二人はなん日も泊まった。

「猟に行って見ないか」

また二人を誘って夫は前と同じ山奥の穴に行った。二人は前の男と同じように、小袖を脱ぎ刀をくわえて穴に入り、たちまち穴の中に神と魔物の戦う音が響き、物凄い音は山や谷にこだました。夫はまた二人の小袖と煙草入れを持って家に帰ったが、二人の男もそれっきり戻ってこなかった。

しばらくしたある晩、夫の夢の中に神様が現われて
「私はハチの神だが、この下界には六人の化物《コシンプィ》の兄弟がいて、その一番末の弟が、お前の嫁さんに目をつけ、兄たちのいうこともきかないで、お前の家におしかけた。それで私は、化物を私の穴まで連れてこさして殺した。あとの二人も化物の兄たちだ。もし酒をつくったら僅かでも私にあげてくれ」
同じ夢をお嫁さんも見た。さっそく酒をつくってハチの神にあげ、子供たちもハチの神様を守り神にし、その一族は富裕に栄えた。

（吉田巌輯「アイヌの虫類談話」より）

魔神を焼いた灰

昔も昔、本当の大昔の話だ。

まだ山もなければ、野っぱらもない。そこら中がどろどろの泥海ばかりだった。鳥も獣もいどころがないので、みんな天の神《カムイ》の国にいた。そこで国造神が下界におりて、山だとか川だとか、森や野原もつくった。その綺麗なこと、綺麗なこと。

それを天から見ていた鳥や獣の神様たちは、なんとかしてあの綺麗な国へ行ってみたくて、尻をもぞもぞさせていた。

「神様　神様、オラたちを、あそこにやらしてくれないべか」

神様は知らんぷりしていた。

「神様　神様、つんぼでなかったら、オラ達のたのみきいてくれないべか」

「神様、狸寝入りしているのかね、オラたちの声わかんないのか」

あっちからもこっちからも、あんまりうるさいもんで、神様がいった。

「そんなに行きたいならやるから、そのかわり、人間が病気になったら、病気をなおすんだぞ。腹をへらしたら、人間に食べ物を持って行くんだど（肉をお土産に持って行く）いいか、それでよかったら行け」

さあパタパタ、パタパタ、どの鳥もどの鳥もとんだ。

ポンポコ、ポンポコ、クマもムジナも、丸くなってみんな走った。

魚も尻尾を振って、泳いだ泳いだ。

それですっかりこの地上が、がやがや、がやがやにぎやかになり、国造神もにっこらめいてよろこんだものだ。

ところが、世の中がにぎやかになると、悪い奴もまたやってくる。一つ目の魔神ニチネカムイだ。なんとかしてこの綺麗な島を、自分だけのものにしてやるべと思って、山を破裂させるとか、川ばせき止めて、そこら中水だらけにするとか、碌でもないことばかりをするので、国造神が真赤になって怒った。

「この野郎！」

といって戦争《ウライケ》になった。その戦争の永いこと永いこと、夏六年冬六年も闘かった。ニチネカムイが雲になって海の上さ逃げると、国造神は風になってそれを追っかける。山の底さもぐれば、こっちも地にもぐってぼっかける。

何度かつかまえて首ばはねるのだが、何度はねてもぼんやりしていると、すぐに元通りにくっついて、あかんべして逃げだす。この野郎いくらでも生き返える化け物なんだから、国造神考えた。腕を組んで岩になるほど考えた。

「どうしてくれるべ、あの野郎」

考えて考えて「そんだ　そんだ」と手を打った。

こんど捕えて首をねじ切ると、大きな石をつけて海の底へどぶんと沈めてしまった。それから山から焚木をとってきて、ニチネカムイの胴がらの上さ山のように積み上げて火をつけた。お天道さまもけむたいほどぼんぼん燃やした。

「ざまみろ！」

とうとう、ニチネカムイは灰になってしまった。

「やれやれ、この野郎さんざん骨を折らしやがった」

神様、やっと安心して大胡坐を組んで、疲れた疲れたと大あくびをして、こっくりこっくりと居ねむりをはじめた。

すると夜中になった。急につむじ風が吹いてきて、ニチネカムイを焼いた灰が空にきりきり舞いあがって行った。

さア大変だ、まっ黒くふっとんだ灰の大きいのに、大きな羽が生えてブーンとアブになった。そのつぎの奴がキーンと音をたててやせたカになった。そしていちばん小さい目に見えないような灰が、ブヨになって世界中に飛び散ってしまった。

そんだから、この野郎ども、今でも人間をみると、よってたかってきて血を吸うんだ。魚でも獣でも、そんとき神様と約束したから、俺たちに食われるようになったんだし、病気のときに頼むと癒してくれるんだ。

本当の話だよ。

（釧路標茶町虹別・榛孝太郎老伝承）

カになった英雄

カの王様の娘が、人間の英雄オタシトンクルに思いを寄せ、なんとかして自分の夫にしたいものだと思っていた。しかしカはどこへ行っても嫌われ、叩かれつぶされるので、なかなか近寄ることができないが、自分の心の悩みを夢にしてオタシトンクルに送ったので、オタシトンクルはすっかりカに同情してしまった。

「カも生きている限り、食いたい飲みたい一心でくるのだから、殺すのは可哀想だ」

というのをきいて、オタシトンクルの奥さんは、

「いくら食いたいのみたいといったって、こっちがやりきれないから、殺すのはあたりまえでしょう」

と反駁するので、オタシトンクルは裸になって外へでると、カの群れがまっ黒くなって集まり、ありたけの血を吸ってしまった。

オタシトンクルはフラフラになって歩いて行くと、立派な砦《とりで》があるので、咳払いをして中に入って行くと、立派な老人夫婦がいて、とてもおいしい油を入れたご飯をつくってもてなしてくれた。

ふと気がついて見ると、家のさしかけのところに、とても美しい娘がいて、オタシトンクルを見ていた。そして老人夫婦がいうのは、

「お前がここにきたのは、この娘がお前を愛していたからだ。お前が、虫でも腹がへったら食いたいのだから食わしてやれといったので、娘の家来どもが行って、お前の血をみんな吸ってきたのだ。いまお前の食べたご飯は、お前の血の油を入れてつくったものだ、しかしお前はもう人間に帰ることはできないのだ」といった。

オタシトンクルの家では、夫が裸になって外へ出たまま帰ってこないので、外へ出てみると死んでいたので、泣く泣く葬式を出した。するとその晩、奥さんの枕元にオタシトンクルが立って「俺は力に血を吸われ、力の王様の娘に魂をとられてしまったので、もう生き返ることはできないが、俺の子供だけは大事に育ててくれ。明日の朝大きな力の夫婦がいったら、それは私の変わった姿なのだ」

そういったので奥さんがその姿をつかもうとすると消えてしまった。

翌日奥さんは子供に乳をのませていると、二匹の大きな力が来て、涙をポタポタ落して、どこへともなく消えて行った。

（旭川近文・川村ムイサシマッ姥伝承）

ノミとシラミ

ぽかぽか暖かいので、お婆さんがいい気持ちで、こっくり、こっくり居眠りをしていた。するとお婆さんの襟《えり》のあたりで、小さな声で、しきりに言い争いをする声がする。そこでお婆さんはうっすらと目をあけて、襟首のあたりをポリポリと掻《か》きながら、耳をすまして聞くと、ノミとシラミがしきりに、口げんかしていた。

「おいノミよ、おまえは生まれつきがきたないから、人間の尻あたりだとか、犬の股《また》のあたりをモソモソしているだけで、肩から上には上がることができないんだぞ」

シラミが足を踏んばって立ちあがり、ノミを見下ろしていった。するとノミも負けずに、

「ばかこくな、人間はおれたちを捕まえると、炉縁の上でつぶすから、炉縁の上に座る神様と言われるんでないか、おまえなんか指でもみつぶされるから、貧乏の神にしかなれないんだぞ……。」

と言おうとしたが、どうもうまく言えないので、ピョンピョン跳《は》ねて、地団太《じだんだ》踏んでくやしがった。

そこでお婆さんが言いきかせるのは――。

昔々、ノミとシラミがとてもきれいな川のほとりで一緒に暮らしていたとき、ある日シラミがノミに言うのには、

「この川上に行くととてもきれいな娘が二人住んでいる。姉はとても美人だが、妹はそれよりもっと美しいということだ。どうだ、これからわたしたち二人が、そこまで競走していって、先に着いた者が美しい妹を嫁にし、負けた者が姉を嫁にしようではないか」と言った。

それを聞いたノミは、どうせとべる自分が、はやく着くにきまっているのだから、きれいな妹はわたしのものだと言わんばかりに、鼻をピクピクさせて、シラミの提案に賛成し、二人は川上に向かっていっせいに出発した。足のはやいノミはたちまち先にとんで、とちゅうからわざと引き返してきて、

「おい、まだこんなところに、ゆっくりしているのか」、と足のおそいシラミをからかって、ピョ

ンと頭の上を跳ね越したりしてみせた。

ところがとちゅうまで行くと川があって、どうしても、丸木橋を渡らなければならないところに来た。シラミは用心深く、ソロリソロリと渡ったが、ノミは、

「こんなところはこうして渡るものだよ」

と言って丸木橋の上をポンポンととんで渡ろうとして、とちゅうでツルリと足をすべらして、ポチョンと川に落ちてしまった。

「シラミだけきれいなおかみさんをもつなんて！」

と、くやしがりながらノミはプカプカと流されていった。

シラミは慎重にノソノソと歩きながら、川上に上っていった。しばらくすると、いままで見たこともないようなりっぱな家があったので、入り口で咳《せき》払いをして、内に入ってみた。

すると、炉端《ろばた》の右の方はお月さんでもいるように、明るく光り輝いている。よくよく目をこらして見ると、光の中に美しい娘が刺繍《ししゅう》をし、その左にも美しい娘が、やはり刺繍から目を離さず夢中になっていた。

やがて夕暮れになったので、娘たちはそれぞれの刺繍を片付けて、夕飯の支度をし、夕食が終わると間もなく、それぞれの寝床に入った。

シラミはそっと足音を忍ばせて、美しいほうの妹の胸のところにもぐり込み、丸いお乳とお乳の

あいだのところをチクリと刺すと、妹は急に胸のところがかゆくなったので、指先でさぐってゴロリとした大きなシラミをつかみ、

「おやおやたまげた、これまで一度もこんなものに付かれたことがないのに、どこから来たのか知らないが、ずうずうしいやつだこと」

そう言って指先で何度ももみつけ、庭の隔にはじき飛ばした。背中を強く打って、しばらく気を失っていたシラミは、やっと気がつくと、顔はきれいでも妹はひどい人間だと気づき、こんどは姉の懐《ふところ》に入っていくと、

「おやおや、どこの若者だろう、こんな寂しい山の中で、退屈しているわたしを慰めようと来てくれたのは」

そう言ってシラミをしっかり抱いてくれた。

翌朝姉が目をさますと、自分の懐が青い靄《もや》がかかったように輝き、その中で、若い神さまがスヤスヤと眠っていた。シラミだと思ったのは、天上から下りた若い神であった。

神さまだってシラミになることがあるのだから、人間の頭に上れるんだよと、お婆さんが話をしてきかせたと。

（釧路阿寒湖畔・舌辛サイケサニ老伝承）

蛇や蛙の話

ヘビに呑まれるカエル

ヘビは昔から人間に嫌われていた。

なんとかこの嫌いなものを無くしてしまいたいと、人間が神様に頼んだ。

「どうか、あの俺たちをびっくりさせる者を、片付けてくれないべか」

神様はそれを聞いて、

「もっともだ、何とかするべ」

と答えた。食物をなくしたら、どこかへ行ってしまうべと思って、神様がヘビの好きそうなものを、みんなかくしてしまったのでヘビはこまった。

そこへカエルがひょこひょこ、飛んできていった。

「腹へってこまっているようだが、俺の脚を口さ入れていると、なんとか我慢できっから、俺の脚咥えていれよ」

親切のつもりでそういった。ヘビがカエルの脚を口に入れてみるととってもうまいので、ついぺろっとみんな呑んでしまった。それからカエルはヘビに呑まれるようになったのだ。

（釧路弟子屈町屈斜路・弟子オコイマ老伝承）

アリやハチになった大蛇《だいじや》

昔々。一匹のおっかない牡の大ヘビがいた。

この大ヘビ、人を誑《たぶら》かすことが上手で、どんな男でもこのヘビに見込まれると、ころりとだまされて、ぺろっと呑まれてしまう。家までも呑みこまれることもあった。

ある日、この大ヘビ何かいい獲物がないかと、どろどろ、どろどろと山奥を這っていて、一人の人間に出逢った。鎌首をもちあげて近より、いろいろと誘惑したが、信仰深い男はそれに負けなかったので、ヘビは怒って呑むのをやめて、千年の間、死ぬことができないようにしてしまった。

ヘビに呪われた男は、百になったとき、髭《ひげ》も歯も身体中の毛もみんな抜けて、まったく嬰児になってしまい、また不幸でいやなくらしをしなければならなくなった。こうして百年毎を繰り返えして、やっとこの世を去ることができた。

この大ヘビ、あとで英雄オタシツンクルに殺されたが、その屍体の腐って砕けたのがアリだとか、ハチになって人間を刺すようになったのだと。

（十勝帯広市・鈴木庄太郎老伝承）

アエオイナの道具

人間の祖先、アエオイナカムイの道具はいろいろなヘビになったということだ。ある日アエオイナがハンノキで炉縁をつくっていた。そしたらその中の一本が、急にぴんぴんと飛びまわりはじめた。

「何だ、このチックイクイクイポネ（噛み噛みした骨の意の悪口）」

といって、怒ってそれを二つに切って、片方を川に投げたら太刀魚《イヌンペイベ》になり、藪に捨てたのが赤い色のヘビになってしまった。

それからまたある日、川に魚釣りに行って、小舟で川岸を通っていたら、舟を押す棹が泥に、ささって折れてしまった。

「この化物《カミアシ》野郎！」

アエオイナは手に残った棹を岸に投げつけると、棹は斑点のあるマムシになり、泥にささった棹が穴をあけたところへ、ヘビが入るようになったのだ。

（日高静内町農屋・鷲塚鷲太郎老伝承）

カエルにされた悪女《ウエンメノコ》

ある男が嫁をもらった。

ところが嫁にきた女は悪い人間で、初めはおとなしそうにしていたが、だんだん悪性を現わして、夫の両親のいうことをきかず、とうとう二人の親を呪い殺してしまい、夫も殺してしまった。その後この女六人も男をとり換えたが、みんなこの女に殺されてしまった。

これを知った神様はかんかんに怒って、女を捕えてテイネポクナシリという、湿地の地獄に投げ込み、そこで釜で煮られた。

「私はお前をよいものにつくったはずなのに、悪いことばかりして人間を悩ました。もしこれでもお前が生きかえってくるなら、湿地や沼に住む悪魔になれ。お前の子供は瘦カエルになって沼の中を跳ねまわり、もしお前が人間の家に行ったら、頭をつぶされ灰をかけられて投げだされるだろう」

それきりこの悪女《ウエンメノコ》はカエルになってしまった。それでカエルの手足には文身《いれずみ》のあとがあるのだ。

（胆振虻田町・野附近之助老伝承）

火の神と天降ったヘビ

ヘビはもと天にいた。天では人間と同じように犬を飼い、魚をとったりシカを追い、人間と同じ食べ物を食べ、言葉もあったし形も人間に似ていた。しかしひどく兇悪だった。

国造神が天に還って、その代理に火の女神が地上に降りるとき、火の女神が好きでたまらなかったヘビは、神々にたのんだ。

「どうか俺も一緒に連れて行ってくれ」

だけど火の神は、私の熱のためにお前は焼けただれてしまうから、やめた方がいいといって断わった。

「どんなに苦しくとも、死んでも我慢するから連れて行ってくれ」

そこで火の神と一緒に稲妻に乗って、地上めがけて飛びおりた。その速力があまり早すぎたので、着陸したところの土に大穴があいた。そしてヘビはその穴に棲むようになったが、この穴は地獄まで通じている。ヘビが人間に姿を見せるときは、害を加えようとしているときだから、注意しなければならない。

（日高静内町農屋・鷲塚鷲太郎老伝承）

星や月の話

なまけものの娘の姿

昔なまけものの娘がいた。

母親が水を汲んでおいでといいつけると、娘は腹をたてて小刀で炉縁に傷をつけて、

「お前は炉縁だから、年中背中あぶりばかりして遊んでいて、水汲みをしなくてもよいから、本当にいいいな」

と、ぶりぶりいいながら、手桶《ニヤットシ》（樺皮つくりの水汲み桶）をもっていやいや外に出ると、こんどは家の柱に手桶をぶっつけながら、

「お前も柱だから仕事をしないで、毎日手をつないで、家のまわりをまわっているばかりで、とってもいいいナ」

といって柱にも小刀で傷をつけ、ぶつぶついいながら、手桶をやけに振りまわしながら川へ行ったが、それきり、いつまでたっても戻ってこないので、母親が心配して行ってみると、川原の砂の上に履物だけがあって、どこにも姿が見えない。母親は川を伝って川上に探しに行くと、赤腹ウグイの群れに出会ったので、その中の大きなのに娘を見なかったかときくと、

「あの子は、いつもオレたちのことを、骨だらけで食えない奴だといって悪口をいうから、知っ

ているけれども、何処に行ったか教えない」

といってぶつぶつと泡をふきながら行ってしまった。

母親は仕方なくまた川上に行くと、こんどはイトウの群れがくだってきたので、たずねると、

「お前たちは、オレたちを獲っても、肉のまずい奴だといって、木の枝にひっかけたりして、粗末にするから、娘の行った先は教えない」といったのでこまっていると、こんどはマスの群れがやってきたが、これも、

「お前たちは、オレたちが川にのぼったころは大事にするが、老魚《ホッチャレ》になると、大事にしないで投げるから、教えてやるものか」

母親は途方にくれていると、そこへサケの群れがのぼってきた。

「お前たちはオレたちを大事にして、神魚《カムイチエプ》、神魚《カムイチエプ》といって、骨まで粗末にしないから教えてやるが、お前の娘は水汲みにきて、お月さんはいいな、何もしないで黙っていればいいが、オレは家にいるとなんだかんだと使われる、といってお月さんを見ていたので、お月さんがなまけもののみせしめに、月の中へさらっていったのだ」

母親が泣く泣く見ると、月の中に手桶をもった子供の姿が見えた。

（千歳市蘭越・今泉柴吉老伝承）

強情星

六人の娘がいたった。六人ともなまけ者で強情だった。

一方に三人の男兄弟がいて、三人ともとても働らき者だった。三人の男が女たちにいった。

「毎日ぶらぶら遊んでばかりいないで、少しは畑でも耕したらどうだ」

「いやなこった。畑なんておこしたらこの綺麗な手がきたなくなるわよ」

「きたなくなったら、川へ行って洗ったらよかべな」

「川なんかで手洗ったら、川へおちて流されるよ」

「流されたら、草の葉につかまってあがればいいじゃないか」

「とんでもない、草の葉になんかつかまったら、手がきれるよ」

「手がきれたらしばったらよかべ」

「傷をしばっても、胸がどきどきしてせつないよ」

「この強情者《イチヤチヤイ》！」

三人の男は怒って女たちを追いかけた。

六人の娘は舟に乗って逃げたので、三人の男も舟を出してその後を追ったが、女でも六人の方は力が強いので、どうしても追いつかない。

今でもすばる星は畑の忙しい夏の間はかくれていて、冬になって畑が終わると東の空に現われてくる。そして、それを追ってオリオンの三星が空にのぼってくるのは、強情者の女と、それを追う三人兄弟の姿である。

（釧路弟子屈町屈斜路・猪狩ノクマ姥伝承）

この説話は全道各地にある。会話の部分が多少ちがって、有珠にあるのは「畑を耕やそう」「畑を耕やしたら暑いよ」「暑かったら川で泳いだらよかろ」「水浴びしたら流されてひどいめにあうよ」「流れたら葦の根につかまればよかべ」「そんなものつかんだら手が切れるよ」「手が切れたら結べばよかべ」「手しばっても胸どきどきして苦しいよ」という。名前もニイグル（なまけもの）という。

（吉田巌輯）

旭川では、六人の女の子があった。姉は畑をつくることが嫌いだが、末娘だけはよく働らいて、姉達に「畑やるべ」「畑なんかやったら手よごれるわ」「よごれたら川で洗ったらよかべに」「そんなとしたら川さおちるべさ」「落ちたら柳の木さつかまれ」「枝おれて流れる」「流れたら泳いで上ればよい」「星になったらだまっていれていいな」そこで神様はこの姉妹を星にした。畑いやだから冬でないと出てこない。

（旭川市近文・川村ムイサシマッ媼伝承）

キツネにつかまった日の神

たった一人の日の神が、夜も昼も空をまわって世界を照らしていた。

その日の神様の仕事をねたんでいる者に、シトンビー・チロンノップという悪いキツネがいた。

「何とかして、あいつを天上から追っ払って、俺がかわりに天にのぼり、俺の顔をぴかぴかさせて、世界中から尊敬される身分になりたいもんだ」

シトンピー・チロンノップは暗いハンノキの森の中で、そのことばかり考えていた。

日の神チュプカムイも、もう相当の歳なので、近いうち子供のポンチュプカムイに位をゆずろうとしていた。それを知ったキツネは、こっそりポンチュプカムイをさらって、ハンノキの森の奥の方に、恐ろしい棘のある蝦夷小林檎《セタンニ》の木を六重にまわし、その中に茨の垣を六重にかこった中にとじ込めてしまった。

日の神は後継の子供が見えなくなったので、毎日悲しみに顔を曇らせ、その流す涙は大雨になって地上に降りそそぎ、草も木も元気なくうなだれるばかりだった。

シトンビー・チロンノップには六人の娘がいたが、五人の姉はどれもこれも親ゆずりの悪性者だが、一番末の娘だけは心のやさしい、正しい考えをもっていた。そのため親ギツネや姉から嫌われ、いつもいやな仕事ばかりいいつかっていたが、ポンチュプカムイを養う役も、その娘の仕事だった。

娘はなんとかして、可哀想なポンチュプカムイを助け出したいと思っていた。食べものも遠くの森や原野に出かけて、木の実や草の実を集めてきては元気づけていた。親ギツネは何とかして早く、日の神の子供を殺してしまおうとするのだが、いつも逆にポンチュプカムイのためにひどい目に合わされて、なかなか手を出せないでいた。それは妹娘がこっそり親ギツネのシトンピー・チロンノップと姉たちのたくらみを皆ポンチュプカムイに知らせるからであった。

或る晩、妹娘がうとうとしていると、親ギツネ達がこそこそ相談しているのを耳にした。

「明日、六人がみな同じ姿をして竝んでいて、誰れがお前を養なった娘だかをあてさせる、それを三度やらして、一度でも間違ったら殺す」

おそろしい話だ。妹娘は眠っているふりをしてすっかり聞いてしまった。

「大変なことになった。どうしたら、ポンチュプカムイを助けることができるだろう」

妹娘はどうしても眠ることができないので、みんな寝しずまるとそっと起き出して、ポンチュプカムイの垣に近より、眠っているポンチュプカムイに夢を見せて知らせた。

「とても、いくらあなたが偉くとも、私たちの顔や姿を見ていたのでは、私と姉とを見分けることができません。だから足を見ていて下さい。どんなに場所がかわっていても、足の親指を動かしているのが私ですから」

朝になるとシトンピー・チロンノップがいった。

「今日はお前の世話をした娘が、どれだかあてさせる。もし間違ったらお前は恩知らずの罰に、蝦夷小林檎の木を倒して殺してしまう」

六人の娘が同じ姿をしてポンチュプカムイの前に並んだ。本当にどの顔を見ても同じ、六人とも全く見分けることができない。しかしどこへ並んでも、足の親指を動かしているのを言当てると、ぴたりとあたった。

まんまと失敗したシトンビー・チロンノップは、天に駈けあがって、子供のいなくなったのを悲しんで病気になっている、日の神に向かってとびかかって行った。日の神は真黒い雲が身体の上にのしかかり、次第に身体が下に下に落ちて行くように思った。

「わたしはもう死ぬだろう」

日の神は静かに目をとじて思った。段々気が遠くなる。すると急に下の方から、にぎやかな人間の声がしてきた。

チュプカムイ　ホーイ　（日の神様よ）
エライナ　ホーイ　（あなたは死ぬよ）
ヤイヌパ　ホーイ　（息をふきかえせ）

そのにぎやかな歌声が、次第に下におちて行こうとする日の神を、上に上にとおしあげて、やがて明るい蒼空の中にまで押し戻してしまった。日の神がそっと目をあけてみると、下の世界では大勢の村人たちが、手に手に弓や槍や刀をもち、女たちも拳を振りあげてなにかを追っている。やがて一本の矢が日の神を包んでいた黒雲につきささると、そこから矢に射ぬかれて、虹のような血を噴きながら、シトンビー・チロンノップが、ずっと下の方の暗闇の底へおちていった。同時に森の中が急に明るくなって、燃えるような雲にのった新しい光が空に舞い上がってきた。

妹娘に助けだされたポンチュプカムイが、天に帰ってきたのだ。

それからポンチュプカムイは、歳をとったチュプカムイにかわって、夜の空をまわるお月さま《クンネチュプカムイ》になり、心の正しかった妹娘は日の神《チュプカムイ》になって、美しい顔を輝やかして、昼の世界を照らすことになった。

それでも、性こりのないシトンビー・チロンノップたちは、今でもまだときどき隙を狙って近よるので、日蝕や月蝕が起こるのだ。

（釧路弟子屈町屈斜路・弟子カムイマ翁伝承）

暁の明星

昔、疱瘡神のパコロカムイが、あばれてどうにもならなかった。人々は顔に墨を塗って人相を変えたり、神様のいる山奥に逃げ込んで、助けを求めたりして大騒ぎだった。

いろいろな神様が退治に出かけて行って、いくら疱瘡神の首を切っても、すぐ元通りになって生き返って、前よりももっともっとあばれる。

こまってしまった神様たちが、皆で力を合せて痘瘡神を押えつけ、生き返れないように下顎に重石をつけて、わっしょいわっしょいと立木をたわめた先きにしばりつけて、遙か沖合いの海の底に投げとばし、上顎の方は同じようにして山奥へふっとばした。

「やあや、骨折らしやがった。こんどはなんぼ野郎でも、もう生き返れなかべ」

と神様たちも安心していたところが、かえってこれを恨んだパコロカムイは、世界中の病魔に応援を求めたもんだからたまらない。一度に色々な病気が地上に襲いかかってきた。

「とんでもないことになった、どうしたもんだべ」

神様たち額を集めて、ああでもない、こうでもないと話して

「とにかくこのままでは、世界が滅びる。誰が犠牲になっても世界を救わなければ…」

そこで空の女神のうちで一番美しい、暁の明星をパコロカムイのところに嫁にやって、痘瘡神の心をやわらげるよりないということになった。

世界中で一番美しい、暁の明星を嫁さんにしたパコロカムイは、やっと納得してあばれまわるのをやめたので、神様も人間もやっと「やれやれ」と安心した。

間もなく暁の明星は、パコロカムイの子供を一人つれて空に現われるようになった。その子供が女神から離れているときは、世の中は平和だが、女神の近くに寄りそって出るときは、必ずなにか悪い病気の流行するしるしだ。

（胆振鵡川町チン・片山カシンデアシ老伝承）

同系の話は各地にある。「宵の明星と暁の明星とは、とても美しい姉妹の女神だった。痘瘡神のパイカイカムイ（パコロカムイと同じ）が、この島で猛威をふるっていたときある夜痘瘡神が、暁の明星の美しさにみとれていると、女神の方でも痘瘡神の方を向いて目ばたきした。それで女神が孕んでポトラという子供を生んだ。この子供星はいつも女神の後について歩くが、もし女神よりも先きに出ることがあったら、必らず天災地変がある。子供を先きにたてて禍いに巻き込まれないように見守っているのである」

（吉田巌「星に関するアイヌの伝説」）

簗の番をする星

天上にも魚のとれる天の川があるんだ。

その川さ杭打って簗《ウライ》かけて、その口のところさ袋網ばかけて、夜になると川をくだってくるマスとる番をしている星あるんだ。そして待っていて、やっと網さ入った魚の頭叩いて、後ろの杭さかけてまた番してると、いつの間にか他の神さまきて、こっそり持って行くんだ。

それであの星はいつもおこって、赤い顔ばっかりしているんだ。名前はウライチャシクル（簗口にいる者）というんだ。

（釧路屈斜路・弟子カムイマ老伝承）

ウライチャシクルは牡牛座のアルデパラン。「この星が悪い心《イキ・ウエン》を起こすと赤くなり、そうすると魚がとれない。イキ・ピリカ（心がよい）だと魚がたくさんとれるもんだ」

（北見美幌・菊地チャレヌム媼伝承）

雷神との闘い

昔、ワリウネクというものが姉に育てられていた。

姉はいろいろと苦労をしてワリウネクを育て、成長したので、或る日、

「お前をこれまで育てたが、ここから奥に石黒川《スマクンネペツ》と石赤川《スマフレペツ》と石白川《スマレタラペツ》の三の川を越えて行くと、ペットラシワエアラパシという滝があり、その滝壺の深みにテンコチェッポという魚がいるから、それをとっておいで」といった。

永い間育てられた姉の言うことなので、長い柴を長く結び、短かい柴を短かいように結んで、空飛ぶ柴の揺籠《プンカルシンタ》をつくり、それに乗って揺籠（飛行船のように空飛ぶと信じられていた）の尻を叩くと、揺籠は家の空窓から飛び出して、遙かに空を行って行ってみると、石黒川があり、それを越えて行くと赤い石ばかりの石赤川があり、それも過ぎて行くと白い石ばかりの川があった。

その川を伝って奥に行くと大きな滝があって、その滝の下の深い渕になっているところに、テ

ンコチェッポが沢山泳いでいたので、揺籠をおりて、着物を脱いで滝壺にくぐって行き、テンコチェッポを掴んでは自分の指にさし、沢山とって陸にあげていると、誰かが自分を見ているような気がし、振返ってみると、立派な女が、荷物を背負って来ていて、そこらから枯木を集めて焚火をし、荷物を解いて飯を炊く用意をしていた。

ワリウネクはそれを見て腹をたて、これまで育ててくれた姉に食べさせようと思って、一生懸命になって魚をとっていたのに、何処の女か知らないが、頭から足の先まで裸になった姿を見て恥をかかした、憎い女奴と思っていると、女は荷物の中から鍋を出してお飯を炊いて、食べてくれといったので（女の炊いて差出すお飯を食べると、女の愛情を受入れたことになり、御飯を半分食べて半分を女に渡し女が残りを食べると結婚の式をあげたことになる）傍に行って見ると半分は赤く、半分白い米を鍋一杯に炊いていたので、二人でそれを食べた。

すると女は背負ってきた荷物の中から色々な敷いたり着たりするものを出して、二人の寝る支たくをしたので、憤然として女の首を指で引裂いて殺してしまった。

ワリウネクはどっさりとった魚を、葡萄蔓やコクワ蔓で作った揺籠《シンタ》にゆわえつけ、また空を飛んで家に帰った。

どんなにか姉が喜ぶだろうと思っていたところ、姉がひどく怒って、

「私はそんな魚が食いたくて、わざわざお前をやったのではない、遙か空の雷神に七人の子供が

あって、その七人目が女の子で、それは神々の中でも、これほど美くしい女はないと思っていたので、雷神と相談してお前の嫁にしようということになったが、お前はまだ若いから、私のところでは二人は夫婦になれないと思って、わざわざお前を山奥で、二人だけにしてやろうとやったのに、その女を殺してしまうとは、何という莫迦なことをしたのだ、今に女の兄達が怒ってお前と戦争するためにやってくるだろう、とんでもないことをしたものだ」

と、ワリウネクは初めて理由をきかされ、

「それなら先に言ってくれれば、そんな間違いもしなかったのに」

といっているうちに、北の方からひどい雷の音がして来た。

「そら女の兄達が攻めて来た、負けないように頑張れよ」

と姉にはげまされ、鎧《ハヨクペ》を着て空に舞いあがり、敵を迎え撃つために出かけ、島の中頃まで行くと、武装した元気のいい六人の勇士と出逢った。

戦が空ではじまり、六人の力が強くワリウネクは押されて島の端まで押され、危くなると再びワリウネクは力をふりしぼって六人を北の端まで押し返し、押したり押されたり六回くり返したが、ついに島の北の端で六人を打ち果して無事に戻って来た。

それでここでは雷はいつでも北から出てくるのだ。


（胆振鵡川町チン・片山カシンデアシ老伝承）

お化けの話

化物《コシンブィ》退治

六人の海の化物《コシンブィ》がいた。その一番ばちっこの化物が、私ばカカにしたくて、いろいろな神様にたのんで「どうかカカになってくれないか」と頼んできた。

私は知らんふりして、横っちょを見て相手にしなかった。

するとある日のこと、日がくれて沖がまっ暗い夜になると、海の化物が私のところへこようとして、沖の方から白い浪にのってくるのが見えた。

そこで私は素早く姿を変えて、クリ男にたのんで炉の中にかくれてもらい、針男に炉縁に坐ってもらい、カニ男には水樽の中さ入ってもらい、臼男を裏口の戸の上にいてもらって、私はそっと家の外に出てかくれていた。

夜中ごろになると、なんだかくさったキノコみたいに光る化物が、家によってきて、草小屋の壁の中から、一本の茅をぬき取って、それをそっと炉の燠の中にさし込んで灯をともし、家の中をあっちこっち見廻わしていた。どこを探しても私の姿が見えないもんだから、仕方なしに炉端へ坐るべとしたら、炉の中からクリ男が飛びだして、化物の手さぶつかった。

「あ痛、たッたッた」

びっくりこいた化物、尻餅ついたところが針男の上だから、びっくりしてはねあがった。

「助けてくれ！」

といって水桶さ走って行って、火傷した手をひやすべと思ったらば、水の中のカニ男がその手ば、ちょきんと挟んだ。

「うわい！大変だ」

外さ飛び出したら、そら待ってたと臼男が、どしんと押しつぶしてしまった。なんぼ化物でもたまったもんでない。眼玉飛び出して往生してしまった。

と火の女神が自分の身の上を話したと。


（胆振長万部町・司馬へペンレック老伝承）

利巧な娘

女ばかり六人の姉妹があった。ところがその近くの山に、オンカミ・アチャボという悪者が住んでいて、つぎつぎと娘をさらって行って食ってしまい、最後に一番末の妹がたった一人になってしまった。

妹娘がひとりでいると、山の方から岩でも踏み砕くような音をさせて、オンカミ・アチャボがでてきたので、娘は消し炭に化けて、炉の中にかくれていた。

「もう一人いたと思ったが、いくらよんでも出てこないナ」

と同じことを三度いって、のっそりと家の中に入ってきて、ぎょろぎょろと家の中を見まわしていたが、やがて消し炭の数を数えはじめた。

「おかしい、どうしても一つ多い」

オンカミ・アチャポはなお丹念にしらべたので、とうとう娘は見つかって、大きな背負籠《サラニツプ》の中に入れられて、のっし、のっしと山奥へ連れて行かれた。いくつも低い山と高い山を越し、最後の高い山を登ろうとしたとき、オンカミ・アチャポは急に小便がしたくなったので、娘を入れた背負籠を木の枝にかけて、わきの藪の中に入って用をたそうとしたので、

「臭いから、もっと先に行け」

と娘が叫んだので、仕方なく少し先に行ってしようとすると、

「そこでも臭いよ、もっと先に行きな」

アチャポは仕方なく我慢して、遠くへ行って用をたしていると、その隙に娘は背負籠から飛び出して、そばの大きな石を籠に入れて、近くの松の木にかくれて見ていると、やがて帰ってきたオンカミ・アチャポは、大石の入った籠をかついで、

「莫迦に重くなったなア」

とぶつぶついいながら岩屋に帰り、留守をしていた二人の子供に、

「娘つかまえてきたから、逃さないようにしろよ。俺は山さ薪とりに行ってくるから」

そういって、天井に籠をさげて出て行った。二人の子供はドンドン火を焚いて、水を入れた鍋をかけ、籠の下の方をあけると、「ドシーン」と大石が鍋の中におちて、鍋の底をぶち抜いてしまった。びっくりして大騒ぎをしている間に、娘はさっさと家に逃げ帰ってしまった。

山から薪をとって帰ってきたオンカミ・アチャボは、かんかんにおこって、また山をくだって娘をさがしに出かけた。娘はこんどは家の柱に化けてかくれていたが、一本一本柱を数えられて、またまたオンカミ・アチャボに見つかって、背負籠に無理やりに入れられて、逃げられないように籠の口をゆわえられ、こんどは途中で小便もしないで、とっとと岩屋に連れて行かれてしまった。

「こんどは大丈夫だ、さアどんどん火を焚いて娘を煮ておけ、俺は焚木をとりに行ってくるから」

そういって、オンカミ・アチャボは背負籠を天井につるして、出て行ってしまった。

娘は籠の中から二人の子供に話かけた。

「この家になにか宝物あるの?」

「揺籠《シンタ》あるよ」

「なんだ、そんなものだけか」

「刀《エムシ》もあるよ」

「刀だけかい」

「白い玉、黒い玉もあるよ」

「その玉なんにするの」

「逃げるときに、黒いの投げると暗くなり、白いのなげると明るくなるんだよ」

子供は得意そうに喋べった。

「そう、でもあんたたち舟をもっていないだろう。海へでも、川へでも乗って行ける舟をよ、私をおろしてくれたら、その舟をつくってやるんだがなア」

子供達は娘の話にすっかりのせられて、舟がほしいばかりに、娘を食べることなどすっかり忘れて、娘の入った籠を天井からおろした。

「さア、大きいのには大きい舟、小さいのには小さい舟をつくってやるよ。だから揺籠の上に二人して立ってごらん」

子供は娘のいう通りに揺籠の上に立ったところ、娘はいきなり刀を抜いて、すぽすぽと首を切ってしまい、その肉を小さく切って鍋に入れてぐつぐつと煮て、子供の首だけを串にさして、寝たように並べ、白と黒の玉の宝物を持って外に出ると、オンカミ・アチャボの帰ってくるのが見えたので、叢の中にかくれてようすを見ていると、ドシーン薪をおろして、

「やアやア腹へった。おや、んまい匂いがする。娘がんまそうに煮えているな。おやおやこの野郎ども、腹一杯食って寝ているわい。ん、これはうまい、とても柔かい肉だ」

さんざん食べて食べて、腹一杯になったオンカミ・アチャボは、子供たちの寝ているところに行って、首だけで子供たちの身体がないので、びっくり仰天。大雨のような涙をながして泣きながら、にくいにくい娘の後を風のように、あらしのようにたけり狂って追いかけた。

娘はオンカミ・アチャボが乗って空を駈ける揺籠に乗って逃げたが、風のように追いかけてくるオンカミ・アチャボは、たちまち揺籠に追いつき、今にも揺籠に手が届きそうになった。娘は必死になって刀を抜くなり、揺籠にかけたアチャボの片手を切りおとした。片手になったアチャボは、もう一方の手をのばすと、これもスポリと切られた。両手を失なったアチャボは、それでもひるまず、大口をあけてなおも追ってくるので、娘は黒い玉を取り出して後ろへ投げると、後ろはまっくら闇になり、アチャボはなにも見ることができなくなった。

娘は自分の行く先きに向かって、白い玉を投げ、光りかがやく中をどんどんと逃げた。やっと暗闇の中を抜け出したオンカミ・アチャボは、娘の揺籠を見つけると、またも執拗に追いせまり、ガブリと揺籠に嚙みついたが、娘は振り返りざま刀でそれをなぎ振ったので、さすがのアチャボも首がとんで、雷が遠く去って行くような音をたてて、地獄の方へころがって行った。

娘は姉たちの仇をとり、オンカミ・アチャボの空を飛ぶ揺籠だとか、刀を宝物にして一生らくに一人暮しをしたという。この利巧な娘の名はシンナイペッ・モイレパマッというのだ。

（宗谷オランナイ・柏木ハタアンコイマッ媼伝承）

妖婆の罠

何でも、草のぼーぼーと茂っていて、水の湧くとことというものはおっかないものだ。湿地《やち》の中に湿地眼《やちまなこ》あるべき、あれはニタイ・ラサンペ（湿地の妖婆）がかけた罠《アツクー》なんだ。あそこはどこよりも早くうまそうな草が伸びる。青草のほしいシカがうまそうな草が食いたくて、ぼんやりこいて近よると、妖婆の罠にかかって、あっというまに脚をとられてしまい、さわげばさわぐほど泥の中に引っぱり込まれ、とうとう妖婆の籠《サラニップ》の中にすぽっと入れられてしまう。妖婆はそのシカに呪いをかけて餌にし、人間のくるのを待っている。莫迦な人間がそれに気づかずに、この妖婆のかけた餌を食べたり、この水をのんだらもうおしまいだ。すっかり妖婆と同じ心になってしまう。湿地眼《やちまなこ》のふちの草というのは、本当は湿地の妖婆の陰毛《ホヌマ》だ。それでシカをだまくらかして、底なしの罠にひっぱり込むのだ。

湿地眼ばっかりでない、何でも、うまそうな草の生えて、水のわくところはおっかないものだ。

（北見美幌町野崎・菊地クラ媼伝承）

木原の妖婆

湿地にはニタッツウナルベ（湿地の叔母）という妖婆が住み、林の奥にはケナシウナルベ（木原の叔母）という妖婆が住んでいる。

この妖婆はどちらも、つくりかけの木皮籠《サラニップ》のように、ボサボサと髪をかぶり、気味の悪い姿をしているが、髪を分けて顔を出すと、輝やくばかり美しい顔になり、木の枝に腰をかけて、美しい声で歌をうたっているときは、あたりに灯がともったように明るくなる。

うっかりその美しさに迷って近より、交りをもったりしようものなら、その人間は運が悪くなり、あるいは命を失なってしまう。それは妖婆のために魂を取られてしまうからである。

昔、ピカンデカンエカシという老人がいた。狩りの名人の豪勇の名高い人であった。あるときこの老人は食糧を用意し、毒矢も充分に持って山奥に狩り《マタギ》に出かけた。すると行く先きに誰かが小屋をつくり火を焚いた跡がある。だんだん奥に誘われるように入って行くと、煙りの出ている小屋があるので寄ってみると、きれいな女の人がいて、泊まって行けというので泊まって帰ったら、それきりいくら山を歩いても、全然獲物がさずからなくなった。

（日高平取町長知内・萱野利吉老伝承）

褌を忘れた酋長

俺は押しも押されぬ立派な酋長、立派な女を妻にもち、たのしく暮らしていた。

ある朝まだ暗い内に浜に出て、波打際を歩いて行くと海中からじっと俺の方をうかがっている者がある。何者だろうと思ってよく見ると編みかけのこだしをかぶったような顔の中から、親指を立てたように鼻がニョキッと突き出していて、俺が歩けば歩き、俺が止れば止まる。走れば彼も一緒に走るのだ。

てっきりお化けに違いないと思ったので、持っていた根棒をとり直していきなりがんと喰らわすと、そのせつな、どうしたことか俺の股間がしびれるように痛んだ。

思わず知らず尻餅をついて、つらつら考えてみるに、今朝はあわてていたので褌を締めずに出て来た。そのため股間の一物が波の上に影を落していたのだが、それをおばけと見違ってとんでもない憂目を見たのだった。

これからの男たちよ、ゆめゆめ褌を忘れるまいぞと昔の酋長が物語った。

（知里真志保『えぞおばけ列伝』）

湿地の化物

或る夫婦が狩に行って湿地の近くの狩小屋に泊っていると、綺麗な女が入って来てしきりに夫の方に秋波を送るので、いきなり自分の着物の前をまくって、毛の生えた口を出して、それを御飯の篦でペチャペチャと叩きながら、

「人間だったら二口に食べれ、もしお化だったら一口に食べてしまい」

と言ったので、女はびっくりして首をかしげてみていたが、横ッ飛びにとんで逃げ出してしまった。

このニタイラサンペという化物は、よく若い女になって木の枝に腰をかけて、歌をうたいながら糸によりをかけたりしている。それを化物だと見破って矢を射かけても、実体はそこにはないから効果はない。このお化はたまに人間の中に生れかわってくることもあるが、それには陰毛がないから、陰毛のない女をもらうものではない。

（北見美幌町・菊地儀云助老伝）

お椀のくせにカカもっている

昔あるところに、娘がたった一人でいた。

そこへある日、どこからきたのか、突然一人の男がきて、シカやクマの肉をもってきて娘に食べさせ、それから山に行って、毎日狩りの獲物をとってきてくれるので、二人は夫婦になって、男の子が生まれた。

それから何年もしたある日のこと、男はいつものように山へ狩りに出かけたが、どうしたことか、何の獲物の姿も見ることができないで、さんざん難儀をして、やっと家に帰ってきたが、すっかり疲れはてて、炉端で腹あぶりをしているうちに、いつの間にか横になって、グッスリとねむってしまった。

外から帰ってきたおかみさんが家に入ってみると、炉辺に寝ているのは夫ではなくて、縁のかけた古ぼけたお椀が一つ、大いびきをかいてねているので、びっくりして大声をあげた。

「イタンキ　クネテッ　クマッコロ（お椀のくせにカカもって）」

その声に気づいたお椀は、もとの男の姿に戻ってから起きあがり、しばらくだまって、火を見ながら坐っていたが、

「俺の本当の姿を見られたから、もうこのままお前のところにいるわけにはいかない。祭壇《イナウヌサ》に行くと俺の本当の姿がある。俺はお前の親が祭壇に捨てたお椀だが、木幣《イナウ》をつけて送ってくれなかったので、行くところに行けないので、人間の姿をしてお前と夫婦になったのだ」

火を見ている男の目の中が、キラキラと光ってきた。女も自分がうっかり口走ったことを後悔し

て、詫びたが、

「もう、詫びられてもどうにもならない。幸い男の子もいることだから、お前が子供の手をとって木幣をつくり、それを私につけてくれれば、私は行くところへ行って、粉々になってしまうのだ。男の子を大事に育てて、お前はその子の世話になるがよい。私もそれで安心して、行くところへ行けるのだから」

そういって、男はしょんぼりと外へ出て行った。

女は泣く泣く柳の木を伐ってきて、男の子の手をとって木幣をつくり、それをもって祭壇に行ってみると、ペチャンコになったお椀が転がっていたので、それに木幣をあげて、その話を後々までも伝えたという。

（釧路鶴居村下雪裡・八重九郎老伝承）

国造神《コタンカラカムイ》の道具

国造神が国造りをするとき、石で鍬だの鉞《まさかり》だの槌など六〇もつくった。そして仕事が終わってしまったら、それをみんなぶん投げて天に帰ってしまった。

それが永いあいだに、だんだん腐ったり形がくずれたりして、悪魔《ウエンカムイ》だの悪い水《ウエンワッカ》だの、病気を起こす木になったりした。この悪魔たちは湿地の木原に棲んでいて、人間に悪戯をして気狂いしたり、クマの群れに入って人を殺したりするニタッ・ウナルベ（湿地の叔母）だ。こいつはつくりかけの木皮籠《サラニップ》みたいな頭をしているが、こいつの子孫のトイヘクンラという奴は、身体も大きいが、頭が莫迦でかくて髪が真直に立っている。

ある男が夜道を歩いていて、この化け物にあった。逃げれる隙がないので口から出まかせいった。

「やあトイヘクンラ、俺は前々からお前に逢いたい逢いたいと思っていたが、やっと逢えてなによりうれしい。ずっとむこうのむこうに、モシリシンナイサム（河童）という化け物がいて、いつもお前の悪口ばかりいっている。お前にあったら、きっとひどいめに合わしてやるともいっている。気をつけたがいいぞトイヘクンラ。モシリシンナイサムもはしたものでないから、とてもお前はかなうまいから、早く逃げたがよいぞ」

それをきくとトイヘクンラ、身体をぎちぎちいわせて怒り、

「その野郎はどっちにいる！」

といって、男の指さした方に行ってしまった。

道具のくさった毒の入った悪い水は、流れに棲む魔物になり、それを知らずにのんだ人間を病気にし、また海に入ると屍体を食う魔物になる。そしてこの水が地にしみて地獄に行くと大きな黒い流れになり、地獄の魔物は皆この中に棲んでいて、その中の酋長は、水の流れ込んだ沼地の真中に家を持ち、大きな黒曜石の塊りを持っている。

（バチェラー「アイヌ人と其説話」）

五弦琴《トンコリ》の化物

昔昔の大昔、遠い村に若い半神人《ヤイレスプ》がいた。

それから木ばかり生えている山に、チリキヤフンクフという老神が住んでいたが、その屋根の下の棟に銀色、上の棟に金色の、夫婦の鳥が守神として止っていた。

或る日老神が、何となく気がかりになり、浜に出てみると、遠くの村に化物がきて
「俺はどこから生れたのか、その素性を知らせろ」

といって、それに答えられないと、村々を荒しながら、来ているということがわかった。

そこで老神は大急ぎで、低い木はその枝の上をまたぎ、高い木は枝を身体でなぎ倒して歩くので、柔い枝は折れて小鳥のように飛び散り、高い木々は大風にゆれるように騒いだ。

そこを大股に歩き、小股に歩いて浜に出て沖を見ると、沖合いが血煙のように赤い靄が渦巻いている。それを見て自分の家に帰り、棟に頤をのせて考えていると、金と銀の鳥が、何かにおびえるように、バタバタと羽搏いて騒いでいた。

そこで老神は、若いヤイレスプに夢を見せ、

「明日になると、お前の村にも化物がやってくるから、私の言う通りにするんだよ、そうでない

と、お前の村も全滅になるぞ」

といって何事かをヤイレスプに教えた。

朝になってヤイレスプは、不思議な夢のことを思い出して、自分でも浜に出てみると、沖の方から血色の霞が巻きながら浜にあがってきた。それを見ながら若いヤイレスプは、どうして自分の村を救うかと考えていると、やがて霞の中から大きな船が岸につき、そこから二人の男が陸にあがり、いきなり挨拶もせずに、ヤイレスプの家の戸をあけて入り、まるで昔から知っている者のように振舞って、客座にドッカリと坐った。

「俺達はどういうものから生れたか、お前知っているか」

「お前達は神様だろうが、私は人間だ。然し神様のお前達だって、俺がどういう先祖から生れたかわかるか、わかるまい。だが俺は人間だがお前たちのことは知っている。お前達は五弦琴《トンコリ》から生れたんだ。わかったか」

すると忽然と二人の男の姿が消えて、今まで坐っていたところに古い五弦琴が二つころがっていたので、ヤイレスプはそれを斧で粉々に砕き、それを草という草、木という木にばらまいて自分の村を助けたと、だから家を空家にするときは、五弦琴などは置いてくるものではない。

（宗谷オランナイ・柏木ハタアンコイマッ姥伝承）

棍棒《シト》のお化

ウライウシペッ部落に根性のいい親方夫婦《ニシパ》がいたと。

くらしも相当によいのだが子供がないので、何とか子供がほしいものだと思っていた。或る日、国のむこうから部落部落に寄っては談判《チャランケ》をつけ、それに負けると宝物をとって歩く者が来たということをきいていた。「何だか知らないがきっとここへも来るな」と思っていた。

或る日、犬が吠えるのでおかみさんが出てみると、見たこともない人だったので「来たな！」と思ったが家に入れ、肉や餅を食べさせて歓待し、夜になったので蒲莚を敷いて寝床をつくってやったが、「どうされるのか…」と心配しながら寝ていたら、一寸ねむったと思うと、その男が枕元に来て言うのには、

「オレは実は人間ではなく棍棒《シト》なんだ、俺は或る歳寄夫婦の家の棍棒だったが、後継がないため俺は家の中で腐ってしまうので、それがおしくてこうして人間の姿として来たが、行く先々何処へ行っても碌な者がいないが、お前達だけは心の正しいので、これまで談判で集めたものを皆授けたくて来たので、少しもおそろしい者でないのだ。朝になれば俺は棍棒になっている。死んだ老人のものは何もないが、途中の碌でなしから取り揚げたものを皆お前達にやるから、俺の死んだあとまで酒をあげてくれ」

といった。

朝目を覚ましてみると、昨夜の寝床には人間の姿がなく一本の棍棒があったので、礼拝して神様のところにあげておいた。明るくなったころ外でパチンと大きな音がしたので、びっくりして出て見ると立派な家が、家の脇に建っていたので、夫婦で着物を着換えて外に出て礼拝をし、戸をあけて中に入ってみると立派な宝物ばかり入って、家の中がピカピカと光っていた。

それでこの家に入り近所隣りの人を呼んで礼拝をし、その宝物を皆で分けあって部落中の人から尊敬され、そのうちに一番ほしかった子供もさずかり、何の不自由もなくなった。そして子供に俺の生涯にはこんなこともあったから、お前達も忘れないようにしろよといって死んだと。


（胆振長万部町・野地シブ姥伝承）

淫魔《パウチカムイ》に見込まれた石狩人《イシカリウンクル》

石狩人が、立派な家内をもって、裕福にくらしていた。

或る年、冬の狩の季節になったので、荷物を背負って山に入って行った。大分山に入った頃、何か自分のあとからついて来るらしい足音がするので、振り返って見るが何も見えない。

それでまた歩きだすと、やはり何かがついて来ているらしい足音がする。然し依然として何も見えないが、その足音は山に入るほどひどくなって、やがて一人の立派な身なりの女が、ちょっとした荷物を持ってついて来るのがわかった。

何処から何処へ行くのだろうと思ったけれども、話もかけないで歩いていると、女は後から追いつくようにして来て、道のよいところでは並んで歩き、道の細いところでは後になったり先になったりして行った。

やがて近くの狩小舎に立寄ろうとすると、女は先に行ってその家に入ろうとするので、「何者だろう、人が入ろうとする家に先に入って…」と腹をたてて、その狩小屋に入らずに先にどんどん歩いて行く。

すると女もまた小屋に入らずに後を追って来て、後になったり先になったり並んで歩いたりして、奥にある奥山の狩小屋にまで行くと、女は先に小屋に行って荷物をおろして戸口の縄を解き、中に入って小屋の中を掃除し、火を焚いて自分の荷物を入れ、荷物の中から薄い上等な鍋を出して、川に行って洗い、水をくんできて火にかけ、荷物の中から袋を出して、精白した稗《ひえ》を出して鍋に入れて炊き、篦でそれを返しながらよく炊きあげて、自分の荷物から上等の椀とお膳とを出して、それに一杯のごはんを盛りあげて、石狩人に差出した。

石狩人はそれを顔の前で上げさげして礼拝し、半分食べてのこりを女に戻した。女はそれを有難くおし頂いて食べた。

そして夜になったので、女は二人分の床をのべたので、そこで一夜を明かした。

次の日から女は家の中は勿論、外の仕事までもよく片付けてまめに働いた。石狩人は山狩のために山に入り、クマやシカをとって来ると、女はクマの皮を張枠に張って乾し、シカの皮も乾し、肉は肉で細く裂いて乾し、乾しあがったのはまとめて束をつくり、実に手まめによく働いた。

そうして冬の中頃になった或る日、石狩人が山を歩いていると雪の中に、金色の行器《シントコ》や金の鉢だとか盃などの宝物が、ピカピカ光っているのが見えた。びっくりして近寄って見ると、何の跡も見えない。そうしたことが何度もあったので、不思議なこともあるものだと思っていた。

やがて春が近くなったので、山でとった肉や皮を村にさげることになった。そうすると或る日のこと女は、

「はじめて自分の身上を言うが、私は本当は人間ではなく、天上の淫魔《パウチ》であり、天上には立派な神の亭主もあるのだが、もう少しよい男はいないものかと、神の国を見ても、自分の好きになれる精神の男がなく、人間界《アイヌコタン》を見おろしたところ、お前は精神も男ぶりも立派なので、お前が山へ狩に入るのがわかったので、一緒に山に入って一冬を越した。それで、お前の帰るときには、いつか雪の中で見せた宝物は、私の形身として皆お前にやる。そしてそれはもう先に山をさげて、お前の家と祭壇との間に置いてある。またシカやクマの肉も皮も、皆束ねてさげて積んである。もう今日限りお別れだから、そのまま山を下りなさい。私は私の亭主には、自分の身がわりになる女をつくっ

て、顔も姿も私そのままにして、亭主の目をごまかして来ているのだが、いつまでもいるわけにはならないのだ」

というと、女の姿は忽ち消えてしまった。

石狩人は、山をくだって自分の家に来てみると、女のいった通り、自分の家に宝物も肉も皮も、山のように積んであった。家に入ると家内は一冬中帰らない夫をなじって、

「一冬中、一度も帰らないなんてあんまりひどすぎる。どうしたのさ」

そこで隠しておけないので、淫魔の女神に好かれて、今まで一緒に暮していた話をし、

「その証処に宝物もどっさりもらったし、それを持ってきてある。また獲物の肉も皮もどっさり運んできてあるから出て見なさい」

といった。出て見ると夫のいう通りだったので、驚いたり喜んだりして、それを片付けて裕福にくらしていた。

それから一年ほどした或る夜中に、石狩人の家の、神の出入する東の窓をあけた者があって、

「ちょっと外へ出て下さい」

という女の声がした。それで石狩人が出て見ると、山で一緒にくらした淫魔《パウチ》の女であった。

「お前に急な用があって来た。実はあれから天に帰って、いくら忘れようとしても、お前のことがどうしても忘れられず、お前を殺して天に連れて帰り、夫にしたいと思って、お前の生命をとる

ため仲間の者達をおろしたところ、間違って石狩の部落におりたため、石狩では病気が流行して大騒ぎになったので、神様達がどうしたのだろうと原因をしらべたが、私が神様達の目の前に、霧をかけて見えないようにしたので、仲々わからなかったが、淫魔達の騒ぎが次第に激しくなるので、神様達が相談して、部落を洗わなければ、病気がなくならないというので、雨の神にたのんで大雨をふらせ、洪水にする相談になった。」

そういって淫魔の女は、深いためいきをつき、

「もしそんなことになると、お前までが一緒に流れてしまうと思ったので、雨の神の雲を両手で叩きとばし、半分を支笏におろしたが、それでも石狩の部落の人達の大部分が流されてしまった。山の中で天からおろされた木の中で、カバの木ほど根性の悪い者はいないが、あれが私のしたことを天の神にうったえたので、私は神々のために殺されることになった。それにカバの木は、更に石狩の巫術《ドス》をする小人の老人に、お前と私のことまで話をしてしまった。そのため明日はその小人老人が、お前のところへ談判《チャランケ》にやってくる、もしそれに負けると、お前の命がなくなるので救いにやって来たのだ。明日小人老人がやってくる前に、道傍の食土《チエトイ》で男と女の人形をつくり、それに悪い呪いの言葉をつけて、土の穴に抱き寝をさせて埋め、そうしたところを三ヶ所つくり、家に入ってからお前の家内の貞操帯《ポンクツ》をかりて、それで襷にし、談判にきたら何処までも知らないといって、言い通せ、そうするとお前の命は助かると思う、もう夜明けも近いから、早くそうしなさい。夜が

明けると直に巫術する老人が来る、私は帰ると殺されるのだから、もうこれでお別れだ」

そう言いながら、淫魔《パウチ》の女は泣きながら帰って行った。

石狩人は早速身仕度をし、食土《チエトイ》で人形をつくり、女に言われた通り、抱き寝をさせて、呪いの言葉をつけて埋め、それを三ヶ所に造って家に入り、家内の貞操帯を襷にかけて待っていた。

やがて水汲場に舟の来た気配がし、舟の中に竿や櫂を置く音がして、ドカドカと人が入ってきた。それは六人の男と、巫術をする小人の老人で、それが炉をめぐって坐ると、直に談判がはじまったが、石狩人は何といわれても、知らない知らないの一点張で通した。

喋って喋って喋りまくった小人の老人は、どうしてもらちがあかないとわかると、ふところからユカラのとき、炉縁を叩いて拍子とる棒を取りだして、炉縁を叩きながら巫踊《ツスシノツチヤ》の曲をはじめ、巫術をやりだしたところ、夜中に淫魔の女が来て知らせたので、人形をつくったことも、家内の貞操帯をかりて襷にかけ、嘘をついているのだということがわかり、人形を掘り出されると、襷にしていた貞操帯が「ピリッ」と音をたてて切れてしまった。外で人形を掘り出した連中は、棒をもって来て石狩人を散々に殴りつけ、失神させてしまった。

石狩人がやっと気付いてみると、自分は泣きわめく家内の膝を枕にして倒れていた。やっと身体を起して見ると、宝物は散々に蹴散らされ、つまらないものばかりが、あたりにころがっていて、よいものは何一つ残っていなかった。

それからは叩かれたのがもとで、永い間寝たきりになって死んでしまった。だから淫魔《パウチ》にほれられると、こんな死方をするものだと、石狩から来た者が喋った。

（日高静内町豊畑・栄　栄吉老伝承）

臼のお婆さん

ひとりのお婆さんが私を育てていた。

男がいないので、男の獲る獣や魚は食べれないが、穀物を食べて私は育った。

私が少し大きくなって、小さな弓や矢で、小さな動物や小鳥をとることを覚え、お婆さんと二人でくらしているうちに、だんだん山狩りもできるようになり、シカなどをとってお婆さんに食べさし、喜ばせるようになった。

或る日山に行って、思わないほど大きなクマをとって皮をはいでいると、何か人の影がさしたようなので顔をあげると、若い十五、六の少年をつれた大男が立っていて、

「今日山に来て、いくら歩いていても何も見当らないでこまっている。見ればお前は大きなクマをとったようだが、少し肉を分けてくれまいか」

というので、

「背負えるだけ、背負って行きなさい」

といって、二人に腰が曲るほど背負わしてやった。

喜んで二人が礼をいって戻って行ったが、どうしたことか、急にその男を殺したくてしょうがなくなり、こっそりと二人の後を追って行き、山刀で大男の後から刺し殺した。びっくりした少年《ポンセカチ》は荷物を投げ出して逃げていった。

「どうして人を殺す気になったのだろう」と考えながら、大グマの肉を背負って帰り、お婆さんに食べさせて喜ばした。

それからはどうしたことか、お婆さんは毎日せっせと弓の矢をつくりはじめ、六つの矢筒に矢を一っぱいにつめ、そして私に向っていうことには、

「お前はこの間山狩に行って、そのとき人を殺したことを何もいわないが、私は皆知っている。お前に殺されたのはクスリ部落《コタン》の酋長で、逃げたのはその弟だ。昔、お前の親達が部落をつくっていたとき、クスリから攻めてきた連中に、親達が皆殺されてしまったのだ。そのときお前は生れたばかりだったので、お前の母親が、どうかこの赤ん坊を助けてやってくれ、そして私達の血統を絶やさないようにしてくれといって、私のふところにお前を入れたのだ。私は人間でなくて実はお前の家にあった臼なのだ。それで私はお前を山奥に連れて来て育てたのだが、お前も大きくなり、私は年老いてしまった。そこへまたクスリの男が来たので、このままにしておくと、又お前を殺しに来ると思ったので、お前に殺さしたのだ。」

そういってお婆さんは大きなためいきをつき
「然し弟が逃げて行ったから、必ずまた皆で攻めてくるにちがいない。今日まで沢山の矢をつくっておいたから、明日になったらこの矢をもって行き、山の上に立っていて、先方が談判《チャランケ》つけてきたら、どこまでも殺したことがないと頑張れ、そして、〝どっちが悪いか神様がよく知っているから、お前達立っている俺をうってみろ、もし俺が悪いのなら、俺はお前達の矢にあたって死ぬだろう。もし当たらなかったらお前達が山の上に立ち、それを俺がうってみる。それで勝負をきめるべ〟といいなさい」

と教えられ、矢をもらって翌日出かけて行ったら、いわれた通り、大勢が攻めてきたので論争《チャランケ》になったが、

「本当に俺が悪いかどうか皆でうってみろ、俺が悪かったら必ず矢にあたって死ぬ。もし俺が生きていたら、お前達が山の上に立て」

といって私は山の上に立ったので、クスリ勢が私めがけて矢を射かけたが、どの矢も、どの矢も私にあたると、岩にあたったように砕け散って、少しも私の身体に傷がつかなかった。

「こんどは俺の番だ皆山の上に並べ！」

といって、私がかわって麓におりて矢を射ると、まるで枯木が倒れるように、どたりどたりと倒れ、一人残らず射殺してしまった。

お婆さんは大変喜んで、

「人の目には見えないが、私の鎧《ハヨクベ》を着せてやったから、皆、矢がお前にあたって粉々になってしまったのだ。もうこれであとは何も心配がないから、私はこれから神の国《カムイモシリ》にあがるから、あとは犬でも人でもここに来た者は皆止めて、昔のような立派な部落《コタン》をつくればよい、もしこれから酒でもつくったときには、臼祖母《ニスフチ》にといって私にもあげておくれ」

「お婆《フチ》ちゃんがいてくれたおかげで、こんなに大きくなったものを、いつまでも一緒にいておくれ」

と私が泣いてとめたが、一晩寝て夜が明けてみたら、お婆さんの寝床には、朽ちはてた臼が一つころがっているだけであった。私は悲しみにくれながらも木幣《イナウ》をつくり、臼を祭壇に持って行っておさめた。

その後お婆さんのいう通り、永い月日のうち、あっちこっちから人が集ってきて、またもとのような立派な部落になり、酒をつくるたび、臼祖母にお礼をするのだよと、ウラスベッウンクルが子供達に物語って死んだと。


（胆振白老町海岸・森竹竹市老伝承）

人食いおばけ

私はウラシベツの村に、姉さんと二人で暮していた。

姉さんは神さまのように美しい人だった。そして、自分から言うのもなんだが、私もまけないくらい美人だった。

ある日、姉さんとふたりで、囲炉裏を中にはさんで針仕事をしながら、四方山噺をしていると、もう日も暮れようとする頃、戸外に人の歩く足音がして、誰か咳ばらいしながら入って来た。

見ると恐しく背の低い、色の黒い、みっともない顔の男で、私のうしろを通って横座にどっかと腰をおろし、そのまま何も言うでもなく、何をするでもなく、私たちの上をじろじろ見ながら、大あぐらをかいて坐っているのだったが、姉さんも私も知らんふりをしていた。

やがて日も暮れたので、姉さんが立って夜食のしたくをととのえ、私のお膳を私の前にすえ、自分は自分の前において、それからどこから捜し出してきたのか、ぶっ欠けお椀の底にちょっぴり食物を入れて、小男の前に押しやった。

私たちがせっせっと食べていると、小男は私たちの健啖ぶりを呆れ顔に眺めていたが、やがて言うことには、

「こら女ども、見ているとお前らの上の口は恐しく食いしん坊のようだが、下の方の口はどうなんだい？」

すると、よもや姉さんがそんな返答をしようとは思わなかったのに、

「ええ、ええ、下の口だって食べますよ。でも普通の食物じゃ満足しないんだよ。私たちの下の口の食べものは人間、それも生きた男の人ばかり…。背の高い男の人なら、呑めば足だけ外に残るけど、背の低い男の人なら、丸呑みにしてしまうんだよ」

それを聞くやいなや、小男はいきなり立ちあがって、あわてて戸外へ飛びだし、どこかへ消えてしまった。

そのあとで、姉さんは腹をかかえて大笑いをしながら、言うことには、

「これ妹、よくお聞き。私は小さい時から巫力にたけていて、偉い神様でも偉くない神様でも、魔物たちでも、どこで何をしているか、いながらにしてよく分かるのです。この人間の国の背後の山の中に、カワウソの魔が兄弟二人で住んでいて、神々の中にも気に入るような娘が見つからないので、人間の国を見わたすと、私たち二人の美貌が目に留ったのです。そこで私たちを殺して魂を奪って家内にしようと、神々の目を盗んで山を降り、兄の方は村の背後に隠れて、弟だけここへ来たのです。ところが私があんなことを言ったものだから、魂が転げ落ちるほどびっくりして、兄の隠れている所へ息せき切って駆けつけ、〝人間の女どもが普通の食物を食うなら、痛くもかゆくもないが、男を食うんだそうだ。しかも背の低い男だと、丸呑みにしてしまうというから、俺たちなんかは丸呑の範疇に属するわけだ〟と復命すると、兄もびっくり仰天して、〝そいつは険呑な話だ。危なくメノコの下の口に丸呑みにされるところだったわい〟と言って、二人で逃げてしまったので

す。魔などというものは他愛もないもので、諺にもあるとおり、言われたことをそのまま信じこむものだから、私たちの下の口が生きた男の人を食うなどという、とんでもないでたらめにだまされて、今はもう遠い遠い所へ逃げてしまったから、これからは何の恐ろしいこともありません」と姉さんの言うのを聞いて、私は驚いたり呆れたりしたのだった。
——と、ウラシベツ村の若い酋長夫人が物語った。

知里真志保『えぞおばけ列伝』

旋風のお化け

昔、エベッペニクル親方《ニシパ》という人のところに、きれいな自慢の娘と、黄金の脚をもった宝物とがあった。

或るときその自慢の娘と宝物とが、忽然と見えなくなってしまい、いくら探しても行方がわからなかった。

そんな或る日、私が弓の矢をつくっていると、夕方になって誰かが外にやって来て、「ウフン」と咳払いをして、案内をこう音がしたので、家内が外に出て見ると、これまで見たこともない人だったが、家の中に新しい蒲莚を出して敷き、家内が外に出て髪毛を顔の前にさげて、「どうぞお入り下さい」という合図をして招じ入れた。

入って来たのを見ると、袂のある着物を着た男だった。蒲莚の席に坐ってからも、何処から来たかともきかないが、その男の話をすることは、人間の話ではなくて、神様のことばかりを喋っているが、話をしながらもその男は何か家の中のものを、しきりに目で探しているようだった。そして壁にかけてあるイタタニ（炉の隅に置いてある物を削る木の台、ふだんは鉤をつけて壁にさげてある）をばかり注意して見ていた。

夜が更けて寝るときになって、上座《ロルンソ》の方に寝床をつくり、私は先に家内を床に入れ、自分は炉の火を始末して床に入るときに、こっそり家内に「どうも様子が変だから、床の尻の方に引込んで寝れ」と耳うちをして、自分も床に入ったようにして、床の後に身体を寄せて、山刀《タシロ》を持って寝たふりをしていた。

炉の焚火が消えて、家の中が真暗になったとき、壁にかけたイタタニをはずした音がしたと思うと、寝床の莚をあけ、頭のあたりに、イタタニを、強く振りおろす音がして、逃げ出す音がしたので、それを追って入口で追いつき、山刀《タシロ》をあびせかけた。

朝になって見ると、外の草の葉の上に鮮血がポタポタとおちていたが、それが家の裏の根曲竹の藪に入っていた。

そのあとをつけて行ってみると、竹の葉にも血が点々とついていた。それを分けて藪の奥に入って行くと、煙のたっている小屋があるので、戸口に近寄って隙間から見ると、小屋の中で男のうなり声がする。よくよく見るときれいな女が泣いていた。

尚も身をひそめてよく見ると、横座のところには、エペッペンクル親方《ニシパ》の宝物の、黄金の脚をもつ宝物があった。それで弓に矢をつがいて射込うとすると、忽ちつむじ風が起って狩場のかげの方に消えてしまった。

旋風が人間に化けてエペッペニクル親方《ニシパ》の娘ばかりか、わしのカカまでもとろうとしたのだ。

と或る人が語った。


（日高静内町サムタイ・栄　栄吉老伝承）

草や木の話

フクジュソウ物語

雷様のカンナカムイには、たくさんの子供があった。

一番末の娘はクナウといって霧の女神で、天上の神々で、これほど美しい女神はほかになかった。ところが、頑固な父親の雷神は、この女神の配偶者になる神様を、あれだこれだとさがしていたが、天上から地上に降りた神々の中で、貂《てん》の神が一番立派で美しい神であると見込みをつけ、娘の女神を嫁にやることにきめてしまった。

おどろいたのは女神クナウで、世界中でなにが嫌だといって、ちょろちょろ藪の中をくぐって歩いて、ネズミの臭いを嗅ぎまわっているテンほど嫌なものはなかったが、娘というものは、親のきめた結婚を、断わってはならないというおきてがあるので、いや応なしに承知させられてしまった。

テンは踊りあがって喜び、そこら中をかけずりまわって、出逢った者が何者であろうとも、目をまるくして喋べりまくった。

「クナウがこんど、俺のとこさ嫁にくることになった」

そういったと思うと、もう首をふりふり叢の中へ、誰か話をきいてくれる相手を探して、走って行ってしまった。

「何だあいつ、少し頭変になったんでないか」

誰でもそう思うほど、テンはうれしくて、うれしくてやりきれなかった。それなのに、いよいよ嫁入するときになって、とつぜんクナウの姿が霧のように消えてしまった。

天上も地上も大騒ぎになった。とくに大得意のテンはもう血まなこで、天に駈けあがったと思うと、藪の中をがっさら、もっさら探しまわったが、どうしても見つからない。多くの手下に命令して、どうしても見つけろと、もう気狂いのようにはねまわった。そしてとうとう、草の間に小さくなってかくれていたクナウが、見つけ出されてしまった。怒ったテンはふるえているクナウをさんざん打ちのめし、踏みにじり、

「お前は父親のいうことも、夫にもそむいた、許しがたい莫迦女だから、もう天に還らずに草になってしまえ」

と罵しったので、クナウはテンの呪いで、哀れな一本の福寿草《クナウ》になってしまった。

一度天上の父の姿を見たいと思うが、いつもテンの手下が見張っているので、どうすることもできない。ただテンが冬のあいだ雪の中に眠っているうちに、雪の消え間からこっそり美しい顔を出して、遙かな父のいる天を仰ぐのであると。

（渡島八雲町・椎久トイタレケ老伝承）

悪い女神の果

天上を支配する神に、一人の妹があった。

兄の神は、毎日わき目もふらず、刀の鞘のほりものに専念し、妹は着物の刺繍に、余念なくくらしていた。

或る日、兄神が仕事に疲れて午睡している間に、妹神は自分の物入れから下着六枚、上着六枚を出して身につけ、耳環や首飾の玉をさげ、神々のする鉢巻をして、たたんであった海馬《トド》の皮舟をひろげ、それに乗って舟の縁を棒で叩くと、急に風が起きて、舟はそのまま風に乗って人間界《アイヌコタン》の上にきてみると、国のかみても、しもても美しくできているので、それを見ながら巫踊りの歌を歌うと、ドドーンという音がして大風が吹きだし、木という木の、折れる木は皆おれて、長い枝は槍のようにとび、短い枝は小鳥の群のように飛びちり、折れない木ははげしく身を伏せて、大地を叩き、はね返る音はビュービューと空を掃き、草原の草は根元からむしられて、空を暗くしてとび散り、人々も木の葉のように吹き飛ばされて、死骸になってころがり、人間の国は全滅してしまった。

狂ったような女神は、更に海の上に出てみると、六人の人間が舟に乗っているのが見えたので、また巫踊りの歌をうたうと、急に海の上があらしにわき返り、上の海が底になり、底の海が上になり、舟に乗っていた人のうち、五人は忽ち死んでしまったが、たった一人だけはのこって、ぽんぽんとさかんに女神に向って、悪口を言っているのが見えた。

「よくも人間の世界を目茶目茶にしたな、今に見ていろ莫迦女！」

女神はそれを気にもとめず、家に戻ってみると、兄神はまだ眠っていて、妹が何をしたか知らずにいた。

或る日、兄神が刀の鞘をほっているところに、酒のなみなみと入った盃が現われ、それにのせられた奉酒箸《エクバシユイ》が文化人オキクルカムイの声で、人間界を荒した妹神の行動を非難する言葉を伝えてきて、「もしもお前が妹に制裁を加えないなら、俺が行ってそっちを全滅にしてやる」というのだった。

怒った兄神は、妹神の髪を手に巻きつけて振りまわし、土の上に叩きつけ、力まかせに踏み込んでしまった。踏み込まれた妹神は、国のかみてにのがれ出ようとすると、またも踏み込まれ、国の下てから逃げようとすると、またも踏みつけられるので、もう何処からも出ることができなくなり、土の底から目だけを出して、兄神をにらんでいるのが、福寿草の花になったのだ。福寿草がいやなくさいにおいがするのは、妹神の根性が悪いからであるという。

（日高静内町豊畑・栄　栄吉老伝承）

フキノトウ

昔、天上の小竜神の娘が、ふとしたことから妻のある人間の男が好きになり、どうしても忘れることができないので、術をつかって夫婦の仲を悪くした。
夫はわけもなく家内を折檻するので、おかみさんは家にいたたまれなくなって、山の中に入ったが、行くあてもないので、大きなカツラの木の下で、木の根と根の間でねていたら、カツラの木の上でムササビが、仔をあやしながらうたう歌が聞こえてきた。

ハタハオ　これ女よ
ハタハオ　お前達の
ハタハオ　仲を悪くしたのは
ハタハオ　天上の
ハタハオ　小竜神の
ハタハオ　娘だから
ハタハオ　早く帰らないと
ハタハオ　夫は
ハタハオ　それにとられるから
ハタハオ　早く早く
ハタハオ　帰りなさい

それをきいておかみさんは、急いで家に帰り、小竜神の娘を捕えて、鎌でずたずたに切り刻んで

川原にばらまいて、地獄におとしてやろうとした。するとおかみさんの夢の中に小竜神の娘が現われて、

「私が悪かったからどうか勘忍して、地獄へだけはおとさないで下さい。たとえフキノトウでもいいから、この世に残して下さい。そうすればたとえ寿命が短かくとも、毎年世の中にでることができるのだから…」

とたのんだので、地獄へおとされるのだけはゆるされて、フキノトウにされた。

それでフキの枯れたのはヘビの姿をしているのだという。

（日高静内町トープト・原島コモネアッ姥伝承）

アワのとりもつ縁

昔、ある男が猟に行こうとして、山に出かけて行った。

林をすぎて山に入ろうとしたとき、急に若い女の声で呼びとめられた。立ち止って男があたりを見たが、女らしい姿はどこにも見あたらない。

「私よ、ここよ」

また声がした。よく見ると大きなアワ畑があって、そこの刈りのこされた、小さなアワの穂がた

くさん集まって、男を呼んでいるのだった。変なこともあるものだと思いながら、男はそのアワの穂の呼ぶところへ近よってみると、小さなアワの穂たちは、雨が通りすぎたようにびっしょり涙にぬれながら、

「大きな穂だけは、みんな人間が刈りとって行ってしまったのに、私たちだけは、誰からも振り向いてもらいないので、寒い風が吹いて、もう雪がくるというのに、こうしてふるえて立っていなければならないの。こうしていると、枯れて枯れて、しまいに腐ってしまわなければならないの……それが情なくて、情なくって…」

といって、みんな頭をたれ、声をあげて泣くのだった。

男は気の毒に思ったが、自分は山に行くのだし、誰かよい人を見つけて、刈らしてやりたいものだと思って、あたりを探すと、幸い一軒の大きな家があったので、咳払いをして中に入ろうとすると、

「よくきてくれたね、私の弟よ」

という声がして、一人の若い女が家から出てきて、なれなれしく男を家に迎え入れてくれた。入ってみると若い女のほかに、老媼《フッチ》も子供もいたが、みんな大変よろこんで男を歓待して、その晩はそこに泊めてもらった。

「この近にアワ畑があるのだが、小さい穂を誰も刈ってくれないので、小さな穂たちがとても悲しんでいる。あれを刈りとらないと、そのうちに神様から叱かられるにちがいないから、早く刈っ

てやってはくれまいか」

男はその夜、家の者に話をしたので、翌朝、媼と女とが畑に行って、小さい穂を全部収穫した。

それが縁になって男はこの家の婿になり、とてもとても豊かな生活をおくるようになった。

（渡島八雲町・椎久トイタレケ老伝承）

コクワとブドウ

高い高い雲の上の、星の光っているもっと上に、本当の天があって、神様たちはそこにいるんだ。そこは人間のいる国と同じように、草も木もいっぱいあるが、草の一本一本は全部銀でできていて、風の吹くたびにサヤ　サヤ　サヤ　と波うち、木という木はどれもこれも、金の葉をつけていて、風がそのあいだをくぐりぬけると、パーン　パーンとなりわたり、そのきらめく光は下の世界にまでも、光のようにとどいた。

昔ここから、世界をつくるためにおりた国造神《コタンカラカムイ》が、すっから島をつくり終って満足して天にかえっていった。そのあと人間の先祖で、人間にいろいろと生活の仕方を教えた、オイナカムイが天からおろされた。オイナカムイがきてみると、いろいろな木や草がよく茂り、おいしい実が稔っていたが、コクワ（しらくちずる）とブドウがないということに気付いた。

コクワもブドウも、人間のたべものとして大事なものなので、オイナカムイはまた天にもどって行って国造神に話をして、神の国にある金と銀のコクワを一本ずつと、赤銅でできたブドウとをとってきて、それを島の上に植えた。

金のコクワは金の木にからまり、銀のコクワは銀の木にからまって、ずんずんのび、秋になるとコクワの蔓にも、甘い露のいっぱい入った緑色の袋がさがり、ブドウは赤銅の木に細い蔓を巻いて、神の国の方にのびあがって、紫色の酒をつめた小さな袋を、人間のために用意した。

「これでよい　これでよい」

オイナカムイは満足そうに、手についた土をはらいおとしてから、ブドウの蔓をつまみとると、くるっとまるまったのを自分の耳朶にさげて、首を振ってみせた。天の神様たちが、金や銀の耳環をさげているのを真似てみたのである。人間が耳環《ニンカリ》をさげるのは、これを見習ったので、子供の耳に耳環をさげる穴をあけるとき、ブドウの蔓の丸く環になったのではさんで置くと、自然に穴があくということを、オイナカムイがやって教えてくれたのだ。

コクワとブドウはそういうわけがあって、ただの木ではないのだから、人間が病気になったときには、これで木幣《イナウ》をつくって病気が癒るようにたのんだり、蔓をとってきて湯をかけてのむと薬になるのだ。

（日高静内町東静内・佐々木オペリクン翁伝承）

ニワトコとハシドイ

大地を司る神が天上から地上におりるとき、神様が駄目だというのにニワトコは、どうしても地上におろしてくれというので「どうしても行きたいなら、人間に何か災難が起ったときに、どんな役目でも引受けるか、それなら連れて行う」という条件でおろされた。

そこでニワトコは人間が悪い病気をしたり、死んだりしたときに使われるのだ。

またハシドイの木は、沢山の木の中で一番薪として割れ易く、よく燃える素直で気のやさしい上に、容易にくさらない健康な木だから、何のときでも人間の役にたてといっておろされたので、人が死んだときの墓標《クワ》（クワは杖の意）にされたり、家の柱にも使われるのである。

（日高静内町サムタイ・栄　栄吉老伝承）

ヨモギの矢

大昔のこと、湿地の中に住む魔神が、泥水の中から眼玉と口だけを出して、何かよい獲物が来ないかと、ギョロ、ギョロあたりをうかがっていた。

すると、遙か山の方から、人間の話し声が聞こえてきた。よく耳をすまして聞いていると、話のようすでは、二人ともまだ子供のようである。一人は心のよい子供であるのか、声も澄み通って美しいのに、相手になっているのはいやな臭いのする、どうも性がよくないらしい子供だ、と魔神は見当をつけた。

魔神のかくれている近くまでくると、性悪の子供が急に立ち止まって、鼻をくんくんならしながら「どうも変な臭いがする。ここは汚い湿地だから、うっかりすると魔物が棲んでいるかもしれないぞ」

と相手の子供に話しかけた。

それを聞くと湿地の魔神はひどく腹を立て、「何をこく、臭いのはそっちでないか」と泥の中から飛び出して、大口をあけ牙をならしておどりかかってきた。

急にあたりの大地がはげしく揺れ動き、大木をなぎ倒すような強い風が、ビュービューと吹きはじめて、子供たちに襲いかかってきた。

心のよい子供は魔神の手のあいだを、スルリ、スルリと巧みにすり抜けて逃げたが、心の悪い方の子供は追いつめられ、魔神の爪先きが子供の首すじを捕えたと思うと、たちまち一呑みにされてしまった。

魔神はなおも残りのすばしこい子供を追いかけて、子供が逃げ込んだ部落に入ろうとすると、部落の入口に六枚の赤い着物を着て、真赤な帯をしめ、赤い杖をついた火の女神が立っていて、

「湿地の化物奴、なんのためにきたのだ。早く消えうせろ！」

と叱りながら、杖を振りあげると、杖の先から焰が吹き出て、火の雨が魔神に向かって降りそそいだ。しかし魔物はそれにも驚きもせず、平然と火の雨の中を通り抜け、大地をゆすぶりながら、牙をならして追ってくる。

子供はさっさと自分の家に帰って、窓から魔神の騒ぎを見ていたが、魔神が近づくと見ると傍に置いたヨモギの弓に、毒をぬった矢をつがえて、魔神をねらって射かけると、魔神はもんどりうって倒れ息絶えた。この子供は文化神オキクルミで、魔神にのまれた子供は道ばたの野糞であった。

（胆振虻田町・野附近之助老伝承）

ニワトコとウド

色々な植物が天上からおろされたとき、それぞれ神様から役目を言いつかって来たが、ニワトコの木とウドとは何の役もなしにおろされたので、そこら中にひろがったので、

「何をしたらよいでせうか」と神様に伺いをたてたところ、神様はニワトコに、

「何の仕事もないから、お前は人間の死んだときに使われろ」

といったので、人間の死んだときに、死体を包む莚をとぢ合わせる串や、墓標（死人のついて行

く杖）に使われ、ウドは他に用がないから人間に食われろといわれたので、食糧にされるのであると。

（十勝芽室太・久木田ヨシノ姥伝承）

㊟　北東部（十勝、釧路、根室地方）ではエゾニワトコの木の髄が腐ったようになっているので、死人の木（人間死ぬのは骨の髄が腐るからであると言伝えられている）といって、屍体を処理する木に使っている。西南部でも病魔除けの木幣《イナウ》をつくったりする。一般にこの木をソコンニとかサコンニというが、語源はシコルニ（糞を持つ木）で悪臭があるので、この悪臭を魔除けに利用したところから生れたもののようである。

ツルウメモドキになった風の神

わたしはあまり天気が良いので丸裸になって、褌《ふんどし》もはずして木に登り、木の枝にぶら下がってサワサワと身体をゆすりながら、木の枝を動かしていた。するとわたしの身体からは、ゴウゴウという音がして、風がひどい勢いで吹きおこった。そのため地上の木も草も人間の村までもが、土煙と共に大空に舞いあがり、家という家には火がついて、炎のかたまりになってころげ回る。子供を抱いたり手を引いたりしながら、泣きわめく母親や老人たちが、まるでオオカミに追われるシカの群れのように逃げまどっていた。

それを見てわたしはうれしくなり、ますます力を入れて大騒ぎをしていると、こんな大風の中を、だれも来るはずがないのにと思っていたら、貧乏くさい姿をした一人の男が、玩具のようなヨモギの弓と矢を持って、ノコノコと平気でわたしのほうに向かってやってきた。そして、わたしの周りをグルグル歩きながら、

「わたしは火の神に頼まれて、おまえのばかな真似《まね》をやめさせるために、ここへやって来たのだからよく聞け！」

と言っているようなのだが、わたしの騒ぎがあまりに騒々しいので、その男の言っていることが、よく聞きとれない。

わたしが耳を澄まして、男の言うことを聞き取ろうとしていると、突然その男は、手に持っていたヨモギの弓に矢をつがえて、わたしの目をねらってヒューと射かけてきた。

何か黒いようなものが、わたしの目の中に飛び込んだように思ったが、それきりわたしは何もわからなくなって、木の枝からドシンと落ちて気を失ってしまった。

やがて気がついてみると、文化神のサマイクルが顔に怒気《どき》を表わしながら、

「おまえのいたずらのために、大事な神やその村も、人間の村も散々にこわれてしまった。あまり憎いから一度に殺さず、おまえが自分の悪かったことを、痛いほど思い出すように、散々苦しい

思いをさせたうえで殺してやるから」

そう言われて、わたしも本当は神であるのに、悪い心をもったばっかりにこんな苦しい、情けない死に方をしなければならないのは残念でならない。それでサマイクルにわびを入れて、せめて人間の役に立つツルウメモドキにしてもらうことにした。だから心というものは、きれいに使わなければならないものだよ。

——と、風の神が物語った。

丸木舟の争い

オタシドンクル（歌棄人）がカツラとヤチダモで丸木舟をつくった。ところがヤチダモの舟は重いので、魚をとりに行くにも、海獣を突きに行くにも、軽い方のカツラの舟ばかりを使っていた。すると或る晩、舟を置いてある浜の方で、女同志がお互にののしり合い、喧嘩をしている叫び声がするので、起きあがって海岸に行ってみると、髪を振り乱した二人の女が争っている。よく見ると一人は髪の縮れた女で、もう一人は髪の長く伸びた女であった。その髪の長い女の言うのには、

「お前ばかりが毎晩、毎晩漁について行って、可愛がられて腹も一杯だろうが、私はいつも陸にあげられたまま乾いて、痩せこけているではないか、少しは人の身にもなってみるものだ！」

とくやしそうに叫んで武者振りつくのだった。

オタシドンクルは驚いて刀を抜くと、髪の長い狂乱の女の方を切ってしまった。すると女の姿は忽ち真二に割られたヤチモダの舟になり、同時に髪の縮れた方の女もカツラの舟の姿に戻ったが、ヤチダモの舟の為に散々いためつけられて傷だらけになっていた。

オタシドンクルはヤチダモの舟を焼いてしまい、それからは二度とヤチダモの木で舟をつくらないことにしたという。


（北見美幌町野崎・菊地クラ媼伝承）

年老えた丸木舟の話

わたしはたった一人で、だれも話してくれる仲間もなく、下の枝を人間の国土の上の方にのばして、踊りをおどり、上の枝は天上の神の国の方にのばして、おどっていた。

わたしの上の枝には、天上界から神々が降りて、天上の神の噂《うわさ》をしているので、神としての誇りを感じ、下の枝にもフクロウ神が降りてきて、人間の話や神の話をしているので、神としての誇りを感じていた。

ある年のこと、川下の方から木を踏み折る音をさせ、ガヤガヤと人の登ってくる音がした。だれが来るのだろうと背伸びをして待っていると、舟を作る道具を持った人たちが、小《ポノ》オキクルミを中心にして登ってきた。そして、わたしを見つけると、

「なんだこの木、腐《くさ》った木でないべか、それとも化け物の隠れている木でべか」

と悪口を言いながら、まさかりの頭で私をドシンドシンとたたいた。わたしはムカムカと腹が立ったので、堅い木質のところを表面に出し、柔らかい木質のところを内に隠してしまったので、堅い木質部のために、まさかりの刃をボロボロに欠いてしまった。

「やっぱり化け物だ」

と悪態をついて小オキクルミと、その仲間たちはそのまま山奥に行ってしまった。

それでまた風の吹くたびに、人間の世界や神の国に向かって、手を振り歌をうたっていた。何年かして、また人の来る気配がしたので、背伸びをして待っていると、小《ポノ》サマイクルが仲間と一緒に、舟を作る支度をして来た。そしてわたしの前に立ち、

「これは良い木の神さまだ。さァみんな祭壇を作ろう」

と言ってわたしの前に、わたしがその陰に隠れるほどたくさんの木幣《イナウ》を立てて祭壇を作り、

「どうかりっぱな舟になってください。そうすれば、神さまとしてだいじにまつりますから」

と言って頼んだ。そこでわたしは柔らかい木質を表面の方に出して、伐《き》られ易くしたので、たちまちのうちにりっぱな舟ができあがった。

小サマイクルは、舟にクマの皮だの干サケや織物などをどっさり積んで、和人の国に交易に出かけ、帰りには米や酒を積んで帰ってきた。航海中はいつも日和《ひより》が続き、一度も時化《しけ》にあうこともなく、順調に交易ができて、小《ポノ》サマイクル一家は豊かな生活ができるようになった。

交易から帰ってくるとわたしは陸に上げられて、姿の見えなくなるほど沢山の木幣に包まれて、大事にされるので、それからも小サマイクルの舟に、危険のないように守ってあげるのです。

と、年老いた丸木舟の神が物語った。

（釧路標茶町塘路・吉田はる媼伝承）

トリカブトの歌

毎日毎日、川上に向かい、川下に向かって、

〽ハント　ワッカ　ハント

とうたい、

〽ハント　ワッカ　ハント

とおどり、風の吹くたび川上になびき、川下に手をふりながら、

〽さわったものは跳《は》ねとばし、さわったものはねじり伏せ

とうたっていた。

ある日、川下から大勢の人声が聞こえてきたので、
「どこの人だろう、もしかしたらわたしを掘りにきた人ではないだろうか」
と胸をときめかしながら、
〽さわったものは跳ねとばし、さわったものはねじり伏せ
とうたっていると、川下から来た人たちはわたしのそばにきて、
「さわったものは跳ねとばし、さわったものはねじり伏せなんて言っているが、どうもこれは役に立ちそうもないから、もっと山奥に行ってみよう」と言って、私の前を素通りして、川上に行ってしまった。
わたしはくやし泣きに泣き沈みながら、それからも毎日のように、風に吹かれながら、膝をたたいて拍子をとり、いろいろな歌をうたっていた。するとまた、川下の方から人の来る話し声がしてきたので、
〽さわったものは跳ねとばし、さわったものはねじり伏せ
と、膝をたたきながら歌をうたっていると、そこに二人連れの人がやって来て、頭にかぶっていたかぶり物を取って、
「あれ、あそこに尊い神さまがいられるよ。さァおまえもかぶり物を取りなさい」
と後ろに従う者に言った。それは、サマイクルを従えたオキクルミであった。二人の貴人は、わ

たしの前にドッカリと座り、両手をすり合わせて礼拝して、

「わたしたちがこの尊い神さまに頼んで帰ったら、わたしたちほど猟のできる者はないだろう。さわったものは跳ねとばし、さわったものはねじり伏せる神さまよ、どうかわたしたちと一緒においでください。そうすれば、祭壇の神さまも、火の神さまも喜んで歓迎するでしょう」

と言ってわたしは掘られ、祭壇の神や火の神に丁重《ていちょう》に迎えられた。

それからオキクルミもサマイクルも、たくさんの獲物を獲り、豊かな生活ができるようになった。

と、トリカブトの神が物語った。

（日高静内町ペラリ・其浦コモシライ老伝承）

㊟ 矢の毒に使うトリカブトは、北海道だけでも三〇余程あり、獲物に刺さると跳ねとばされたように斃《たお》すものと、身体をねじるように斃すものを、オクブシ、テリハブシといって最も強い毒とされている。

あとがき

昭和五年の春、誰も行きてのない部落《コタン》の小学校へ、代用教員になって行った私は、そこで山奥の清水よりも浄らかに澄んだ魂にふれて、それ以来、私の部落《コタン》歩きがはじまった。それからいくつの部落を遍歴したろう。この民話集はその探訪の旅の中で、古老が静かにすんだ声で、何のわだかりもなく物語ってくれたものの一部である。物語はまだこの何倍かの量にのぼり、ほとんど無尽といってよいほどある。

私はもとより民俗学を専攻した者でもなく、民話蒐集家でもない。ただこの清らかな民族の保存していた人類初発のけがれない文化の姿を、少しでも多く、そして正しく記録して置きたかったにほかならない。そして三十余年のあいだ歩いて、このごろになって少しばかりこの民族の本当の姿がわかりかけてきた。それは私の力のいたらなかったからでもあるが、私たちは永いあいだ農耕文化の洗礼をうけ、しかも曲りなりにも近代の生活感情を持っているということが、この純粋な漁狩猟民の文化や生活感情やを受けとることに、どれだけ多くの邪魔をしていたかもしれない。それは西欧の人々が、東洋の島国で仏教を信じ、農耕生活をしている日本人の生活感情が、容易になっとくできないと同じように、非常に永い迷いとまわり道をしなければならなかったからである。

この民話も日本人の常識と、近代的な物の考え方で読んだ場合、何と莫迦げたことをと笑いたくなるものが多いかもしれない。それに対していちいち説明を加える親切があってしかるべきかもしれない。余白のあるところでは、多少それにふれたところもあるが、この本ははじめからアイヌ民話の研究に書かれたものでないので、ほとんどそれらについてふれないでしまった。そのかわり直訳的な記述をなるべくさけて、一般に理解し易いように砕いた書き方をした。

今にして思えば日くれて道遠しの感がするが、アイヌ部落は実に民話の宝庫であった。文学的なユカラは古くから注目され研究されていたが、民話はほとんど未採集のままといっても過言ではない。私も生活史を追求するに急であったため、民話の採集は附随した仕事としてなされたに過ぎなかった。然し恥かしい話だが民話中の、古代の人々の純粋な生活感情の陰影のあることが、このごろになってやっと気付いた次第である。

とまれ、一般には今忘れ去られようとしているアイヌ文化の調査研究は、北海道の人々の世界から課せられた責任ではないかと思うのであるが、貴重な資料は記録されないまま、日に日に世界の上から、大きくいえば宇宙の上から消え去ろうとしている。そのため私はまた明日も部落へ出かけて行こうと思う。

昭和三十八年四月道南の採集にたつ日に

追記

昭和三十八年に初版をだして七年の歳月が流れたが、その間新しく採集された民話のいくつかがあるので、版を新しくして再び上梓することにした。

アイヌ文学のかたちからすれば、神謡あり、詞曲あり、散文伝承あり、たとえ話あり、必ずしも民話といってよいかはっきりしないが、吾々が日常民話として語り伝えられているものに似たものを、アイヌ文学の形にこだわらず集めたので、その点色々と問題があろうかとも思われるが、アイヌ民話の研究の第一段階として、資料集という意味でやったものであることはさきにも述べた通りであり、その意味でこんども多少資料が追加されたというに過ぎないのは、筆者として不勉強のそしりを受けてもしかたがないが、日に日に逸散し滅亡して行くものを、取敢えずまとめて置くという意味で、もとの姿を踏襲したことをお断りしておきます。幸い大方の御叱正で、できるだけ豊富な資料が集められ、次の段階の仕事が進められる日のあることに期待したいと思います。

昭和四十五年五月三十日

決定版のあとに

これは昭和三十八年に初版を出した『アイヌ民話集』に、その後幾度か版を重ね、増補改訂したものを底本にして、その後更に採集された、六六篇の民話の中から、新しく三二篇を選んで増補したので、すでにこれらの伝承者のほとんどは、もう逢うことのできない状態にあるので、私としてはこれ以上の増補は望むべくもないから、これをもって私の決定版にしたいと思う。

これははじめから直訳体をさけて、古老たちが子供であった私に話してくれたように、読者にわかりやすいように書いたことを、御理解頂きたいと思う。

一九八一年三月堅雪の頃

解説

中川 裕

更科源蔵氏（一九〇四―八五）は北海道弟子屈町の生まれで、詩人・随筆家としても名を馳せた人だが、なによりアイヌの民俗・文化に関する膨大な量の記録を、自らの足で全道を回って収集・整理し、それを後世に残してくれた人物として、我々にとって偉大な存在である。

氏の活動領域は実に幅広く、アイヌの口承伝承や習俗についての研究はもとより、高倉新一郎、知里真志保、河野広道とともに携わった『北海道駅名の起源』（日本国有鉄道北海道総局、一九五〇年）、『アイヌ語地名解』（北書房、一九六六年）などの地名研究や、『千歳市史』（一九六九年）など郷土史の分野でも大きな貢献を成している。特に、一九六五年に刊行された日本放送協会編『アイヌ伝統音楽』は、当時健在だった全道二七三名のアイヌ音楽の伝承者たちから録音を行った、過去最大級の規模の事業である。同書は音楽だけでなく言語の資料としても重要な記録であるが、その調査の中心となっていたのが更科氏であり、氏はそれによって一九六七年に第十八回NHK放送文化賞を受賞している。

また一九六九年には、当時のアイヌ関連の第一線の研究者を総動員して作成された『アイヌ民族誌』という大部の研究書が、第一法規出版から刊行されているが、その中でも更科氏は「アイヌの歌舞」や「遊戯」などの項目を担当している。

こうした学問的研究だけにとどまらず、一九五八年に東映で公開された武田泰淳原作の映画『森と湖のまつり』（内田吐夢監督）でも、氏の名前はアイヌ風俗考証ということでクレジットされている。広く一般の人たちに向けてアイヌ民族・アイヌ文化の正しい理解を広めようという姿勢の強かったところも、氏の特筆すべきところである。写真家の掛川源一郎氏と組んで淡交新社から出版した『アイヌの神話』（一九六七年）、『アイヌの四季』（一九六八年）は資料的価値も高い著作であり、一般向けの啓蒙書としても大きな役割を果たしたと思われる。

これ以外にも、更科氏は膨大な著作や未公開の資料を遺しているが、その全貌を明らかにするのは私の手に余る作業であるし、この「解説」の主旨にも合わないので、ここからは本書『アイヌ民話集』についていて語っていくことにしよう。

『アイヌ民話集』は一九六三年に北書房から初版が出版され、同じく北書房から一九七〇年に増補改訂版が出されている。そしてそれをさらに増補したものが一九八一年に『更科源蔵アイヌ関係著作集』Ⅱとしてみやま書房から刊行されており、更科氏はそのあとがきで、これを決定版とすると述べている。本書はこの一九八一年のみやま書房版を底本としたものである。

二〇二〇年に青土社から復刊された更科源蔵・更科光『コタン生物記』（初版は法政大学出版局、一九七二年）は、よくまあここまで集めたものだと思うほど、数多くの生き物にまつわる伝承や民俗を網羅し整理したものだが、それに比べるとこの『アイヌ民話集』はボリューム的にはやや小ぶりである。しかし、研究資料としては『コタン生物記』にも勝る面がある。それは各話の出典あるいは話者をすべて明記してくれているという点である。『コタン生物記』もある程度その情報を得た地域名が書かれてはいるが、『アイヌ民話集』ではひとつひとつの話について、例えば「北見美幌町野崎・菊地儀之助老伝承」のように、詳しく話者情報が示されている。

もちろんそれは、『コタン生物記』がオオウバユリやシカといった、個々の動植物別に整理されたものであるのに対し、『アイヌ民話集』は聞き取られた話そのものを紹介しているのだから、当たり前といえば当たり前だが、研究者としての立場から言えば、これはとてもありがたいことである。アイヌ文化にも地域による違いがある。それがどこで誰によって語られた話であるのかというのは、アイヌ文化の歴史的な変遷や、環境と伝承の関係といったことを考えるのに、言うまでもなく非常に重要なことだからである。

一例を挙げると、『コタン生物記』では、トドに関する各地の伝承が紹介され、その中に日高地方のものとして、トドとクマの起源と両者の仲が悪いわけを語る話が挙げられている（四〇五―四〇六頁）。ただし、一口に日高地方と言っても、実際にはかなり広い地域であり、しかもその日高の中でも、静内と新冠の間あたりに言語的・文化的に大きな境界線が引けることがよく知られている。また日高地方に含まれる沙流川の上流は、昔からかなり山の方まで人の住んでいるところであり、山で暮らす人と海岸近くで暮らす人とでは生活・風習が異なる。

そこで『アイヌ民話集』のほうを見てみると、この日高のトドの話は、「日高新冠町・梨本政次郎老」の伝承であることが明記されている（七一頁）。一方『コタン生物記』には「現在でもトドが集まるのでトド岩と呼ばれるところが、小樽市、釧路市、浜益町、古平町にあり」（四〇一頁）とあるのだが、実は新冠川の河口近くの海岸にもトド岩と呼ばれる岩があり、それを示す看板が立っている。ということで、この話は日高の西側の伝承であり、実際にトドの姿を目にしていた人たちによって語り伝えられていたものである可能性が高いことがわかるのである。このように、『アイヌ民話集』は採録者の氏名を明記してくれていることで、更科氏の他の著作とも併せてさまざまな探求を可能にしてくれる、アイヌ文化の知識の宝箱というべきものである。

そして更科氏が記録を取って歩いた地域もまた、氏の仕事を貴重な遺産としている。戦前までのアイヌ語・アイヌ文化研究の資料は日高西部の沙流地方と胆振幌別地方に大きく偏っていた。これは、金田一京助や久保寺逸彦、知里真志保といった、研究の初期の主導者たちの拠点が、その二か所であったことが大きい。その中にあって、更科氏は道東の人々から数多くの聞き取りを行っている。更科氏自身の出身地が道東の弟子屈であり、昭和五年（一九三〇年）に代用教員として屈斜路湖湖畔の小学校に赴任したことが、彼のアイヌ民俗研究の出発点となったということが大きかったと思われるが、戦後も道東のアイヌ文化の記録は限られており、古い伝承の聞き取りが困難となった現在では大変貴重な資料である。

もちろん、氏は道東に限らず全道各地の古老たちのもとを回っており、『アイヌ民話集』に名の挙がっている地域を見ても、釧路鶴居村、阿寒湖畔、白糠町、弟子屈町、北見美幌町、宗谷オランナイ、十勝芽室太、日高浦河町、胆振穂別町、元室蘭、虻田町など、当時他の研究者があまり足を向けていない広範な地域を巡り歩いている。更科氏の資料がほとんど唯一のものとして残されている地域も少なくない。

しかし、ここで見落としてはいけないのは、ただアイヌの人たちが住んでいるところを訪ねたからといって、そこの人たちから話が聞けるとはかぎらないということである。当時アイヌは明治以来の国の政策によって、住んでいた土地を始め、狩や漁の権利などの生産手段を奪われ、経済的な困窮状態に陥っていた人たちも多い。また和人（日本のマジョリティ）の大量の移民によって、伝統的な文化の維持も困難になり、いわれなき差別を受けるようになって、外部から来た人、特に和人の研究者などに容易に心を開かない人も多かったと思われる。

そのような状況の中で、古老たちからこれだけの話を引き出すことができたというのは、氏の人柄によるところが大きいだろう。氏の調査の様子は、『アイヌ伝統音楽』の録音テープなどの形で聞くことができる。そのどれを聞いても、氏はそこにいるおじいちゃん、おばあちゃんたちにざっくばらんに話しかけ、話しかけられた人たちも楽し気に、笑いながらそれに答えて、歌ったり話をしたりしている。こうした場作りは真似しようと思ってもそう簡単にできることではない。氏が二〇代の頃から長年にわたってアイヌの人たちと深く親交を結ぶ中で、自然に培われた信頼感のなせるわざだと言ってよい。

とはいえ、これらのことは研究者目線の話であり、多くの読者にとっては本書に収録されている話の中身そのものが一番重要であろう。本書はアイヌ文学のさまざまなジャンルの物語を、「魚の話」や「星と月の話」のように題材によって整理している。それに従って読んでいくと、かつてのアイヌの人々の自然を見るまなざしがよくわかる。つまり自然と人間の間に境をもうけず、動物や植物や、星や月、人間の作った棍棒や舟までが、人間と同じような心を持ち、人間に惚れたり嫉妬したり、互いに喧嘩したり酒を飲み合ったりする世界が、自由で奔放な想像力で描かれている。人間は特別なものではなく、この世界の中のひとつの構成員なのだという考え方が、どの古老たちの語る物語からも読み取れるだろう。

更科氏がアイヌのコタン（村）を初めて訪れたのが一九三〇年、そして本書の底本となるみやま書房版のあとがきで「私としてはこれ以上の増補は望むべくもないから、これをもって私の決定版にしたいと思う」としたのが一九八一年ということで、五〇年にわたる記録がここに集約されている。そこからまた四〇年の歳月が過ぎ、青土社版として再び多くの人によって読まれるようになったことは、まことに喜ばしい限りである。これらの物語を現代に遺し伝えてくれた更科源蔵氏、語り手の方々、そして青土社を始め出版社の方々に心から感謝したいと思う。

二〇二一年九月

（なかがわ　ひろし・千葉大学名誉教授）

アイヌ民話集

2021年10月10日　第一刷発行
2023年 2 月10日　第二刷発行

著者　更科源蔵

発行者　清水一人
発行所　青土社

〒101-0051　東京都千代田区神田神保町1-29　市瀬ビル
［電話］03-3291-9831（編集）　03-3294-7829（営業）
［振替］00190-7-192955

印刷　ディグ
装丁　大倉真一郎

ISBN978-4-7917-7420-3　Printed in Japan